Henning Mankell
Der Sprengmeister

Roman

Aus dem Schwedischen von
Verena Reichel und Annika Ernst

Paul Zsolnay Verlag

Die schwedische Originalausgabe erschien
erstmals 1973 unter dem Titel *Bergsprängaren*
beim Författarförlaget in Stockholm.

1. Auflage 2018

ISBN 978-3-552-05901-6
© Henning Mankell 1973
Published by agreement with
Copenhagen Literary Agency ApS, Copenhagen
Alle Rechte der deutschsprachigen Ausgabe
© 2018 Paul Zsolnay Verlag Ges.m.b.H., Wien
Satz: Eva Kaltenbrunner-Dorfinger, Wien
Umschlag: Anzinger und Rasp, München,
Foto © S.-E. Arndt/Getty Images
Druck und Bindung: CPI books GmbH, Leck
Printed in Germany

MIX
Papier aus verantwortungs-
vollen Quellen
FSC
www.fsc.org
FSC® C083411

Der Sprengmeister

Die Meldung

»Warum zum Teufel knallt es nicht?«

Norström stampfte wütend mit dem linken Fuß auf. Er hatte sich in dem Stahldrahtknäuel verheddert, das unbedacht zwischen die Sprengsteine geworfen worden war. Er stampfte mit dem linken Fuß auf, und der Stahldraht schnürte den groben Stiefel bis zum Bein ein. Leicht hätte er sich bücken und mit einem einzigen Ruck das Drahtknäuel vom Fuß reißen können. Doch Norström bückte sich nicht. Stattdessen fuhr er wütend fort, mit dem Fuß aufzustampfen. Er schwitzte. Das graue Flanellhemd, das bis zu seinem fetten Bauch aufgeknöpft war, saugte den Schweiß auf, der ätzend und nach schmutziger Haut roch.

Norström war der Chef der Sprengmeistertruppe. An diesem Samstagnachmittag Mitte Juni flirrte die Hitze, und die Sonne brannte auf den ungeschützten Arbeitsplatz. Unter Norströms Kommando sollten drei Tunnel für die Eisenbahn gesprengt werden, damit sie zweispurig verkehren konnte. Jetzt war man mit dem mittleren beschäftigt, der auch der längste und schwierigste war. Gerade hatten sie mit der Öffnung in der Felswand begonnen. Die scharfkantige Oberfläche des grauen Granits war bereits von der dünnen Erdschicht befreit und reflektierte das Sonnenlicht. Der Felsen ragte ungefähr dreißig Meter fast senkrecht in die Höhe. Dabei war es nur ein kleiner Felsen mit lediglich ein paar Hundert Metern Durchmesser, und direkt durch ihn hindurch sollten der Tunnel und die Eisenbahngleise führen.

Norström mochte Tunnelsprengungen nicht. »Entweder

man sprengt den ganzen Felsen, oder man lässt es bleiben. Ein Loch mitten hindurch zu bohren ist Drecksarbeit. Früher oder später stürzt alles ein.« Das war seine Meinung. Bisher war es ihm in den knapp vierzig Jahren seines Berufslebens erspart geblieben, häufiger als etwa alle fünf Jahre einen Tunnel zu sprengen, aber nun waren es drei Stück auf einmal.

»Kann mich vielleicht mal einer von diesem Teufelszeug befreien?«

Wütend starrte Norström seine Arbeiter an, die sich auf ihre Brechstangen gestützt hatten, froh über die unerwartete Pause. Der Sprengsatz war nicht explodiert, und Norström hatte sich mit dem Fuß im Stahldraht verheddert. Sie lehnten an ihren Brechstangen, kehrten der Sonne den Rücken zu und warteten.

»Los, hilf du ihm.«

Oskar Johansson tippte den Jüngsten in der Sprengmannschaft mit der Zehenspitze an. Es war ein kleiner, magerer Junge von vierzehn Jahren. Der reagierte sofort und lief über den Sandplatz zu Norström, bückte sich und begann, an dem Stahldraht zu zerren.

»Sei vorsichtig, Junge, zieh nicht so fest daran.«

Norström wurde immer wütender. Er blinzelte in die Sonne, drehte dann den Kopf zur Felswand hin, warf einen Blick zu dem Jungen hinunter, der jetzt behutsam an dem Stahldrahtknäuel herumnestelte, und starrte danach die Sprengmeister an, die weiterhin unbewegt dastanden.

»Warum knallt es nicht?«

Jetzt brüllte Norström. Oskar Johansson richtete sich auf.

»Ich werde nachsehen.«

In dem Moment löste sich der Stahldraht an Norströms

Fuß. Die Pause war zu Ende, jetzt musste die missglückte Sprengung untersucht werden. Und dies war Oskar Johanssons Aufgabe, weil er die Ladung angebracht hatte. Jede Sprengung hatte einen persönlichen Bezug. Das Dynamit war stets dasselbe, unberechenbar und tückisch, aber für jede Sprengung gab es einen Zuständigen, einen Verantwortlichen.

Die zunehmende Industrialisierung verlangte nach einer verbesserten Infrastruktur, daher sollte die Eisenbahn ausgebaut werden. Das Gleisnetz wuchs, es fuhren immer mehr Züge, und die Sprengungen hallten durch das Land.

Die sommerliche Hitze, die seit Ende Mai herrschte, verbrannte das Gras und trocknete den Boden aus. Es knisterte unter den Füßen der Sprengmeister, wenn sie in den Schatten der Birken gingen, um kurz Pause zu machen.

Oskar Johansson wischte sich die Stirn ab und betrachtete seinen Handrücken. Der war blank von Schweiß, und er wischte die Hand an der Hose ab. Mit seinen dreiundzwanzig Jahren war Oskar der Jüngste in der Sprengmannschaft, da der Handlanger nicht zählte. Mittlerweile arbeitete er schon seit sieben Jahren in der Sprengmannschaft, und es gefiel ihm. Oskar war groß, gut gebaut und von der frühen Sommersonne gebräunt. Das helle, gekräuselte Haar fiel ihm in die Stirn, und auf seinem runden, offenen Gesicht lag meist ein Lächeln. Er trug ein grauweißes Hemd, dunkelblaue Baumwollhosen und war barfuß.

Mit seinen klarblauen Augen blinzelte er zur Felswand hinüber.

»Willst du nachsehen?«

Norström hatte die Hände in die Hüften gestemmt und blickte Oskar auffordernd an. Der Chef mochte keine misslungenen Sprengungen, weil sie unberechenbar waren und die Arbeit verzögerten. Schließlich trug Norström die Verantwortung dafür, dass der Zeitplan eingehalten wurde, und dieser Tunnel würde ohnehin schwierig werden, das wusste er. Außerdem war er verkatert. Am Tag zuvor war er fünfundfünfzig geworden und hatte gefeiert. Er hatte Branntwein getrunken, bis er gegen zwei Uhr nachts ins Bett gefallen war. Und er hatte sich lange und ausgiebig erbrochen, als er zwei Stunden später aufstand, um zur Arbeit zu fahren. Beinahe bereute er es, dass er sich nicht gestattet hatte, für seinen Geburtstag einen Tag freizunehmen. Das wäre ihm erlaubt gewesen, da er seit 1881 regelmäßig beim Bau der Eisenbahn tätig gewesen war. Außerdem war er bekannt für seine Pünktlichkeit und seinen Arbeitseifer. Daher hatte er auch von seinen Sprengmeistern den Spitznamen »Ehre der Arbeit« erhalten. Sie benutzten ihn nie, wenn Norström in der Nähe war, aber wenn die Sprengmeister abends zu Hause oder in den Pausen über ihn sprachen, nannten sie ihn so. Als Norström doch von dem Spitznamen erfahren hatte, war er wütend geworden, hatte ihn dann aber als Hinweis darauf genommen, dass die Arbeiter ihn fürchteten, was ihm gefiel.

Mittlerweile kam es oft vor, dass er diesen Namen selbst benutzte, wenn er seinen Freunden seine Arbeit erklärte. Erst gestern hatte er lang und breit darüber gesprochen, wie gefürchtet er bei seinen Arbeitern sei. Bei seiner Geburtstagsfeier hatte er neben seinem Schwager gesessen und ihm ausführlich von seiner Arbeit berichtet.

Es war kurz vor drei, und um sechs würde die Arbeitswoche beendet sein. Dann käme der freie Tag, und Norström würde im Bett liegen bleiben, die Fliegen erschlagen, den Kindern sagen, sie sollten still sein, und dann allmählich die Arbeit der kommenden Woche planen. Gemäß den Berechnungen, die er letzten Sonntag angestellt hatte, hätten sie in dieser Woche weiter kommen müssen, als es der Fall war. Und es gab nichts, was ihn mehr störte, als wenn seine Planung nicht aufging. Das verdarb ihm den Sonntag. Er würde nicht ruhen, sondern sich grämen.

»Habt ihr das Zündkabel herausgezogen?«

Von dem einen oder anderen Sprengmeister kam ein schwach gemurmeltes »Nein«.

»Seid ihr verrückt? Warum nicht?«

Erstaunt nahm Norström zur Kenntnis, dass diese Selbstverständlichkeit nicht erledigt worden war. Er hatte kein Verständnis dafür, dass die Arbeiter in der Hitze eine kurze Pause eingelegt hatten.

»Dann heb jetzt deinen Hintern und zieh das Kabel ab!«

Der Handlanger bekam einen Tritt von Norström. Hastig lief der Junge zu dem kleinen Holzkasten, der ein Stück weit von ihnen entfernt stand, und riss ein Kabel heraus, das mit einer Stahlklemme an der Rückseite befestigt war.

Oskar lehnte das Brecheisen an einen großen Sprengstein und ging auf die Felswand zu. Er bewegte sich so langsam, als wollte er das Dynamit nicht aufwecken. Dabei verzog er in der Hitze das Gesicht und wischte sich salzigen Schweiß aus den Augen.

Wenn eine Sprengladung nicht explodierte, verbreitete sich Missmut in der ganzen Mannschaft. Das Dynamit war gefährlich. Man wusste nie, was es anstellen würde. Aber bei jeder Fehlzündung musste jemand den Sprengsatz kontrollieren, und es gab keinen anderen Schutz als Vorsicht.

Oskar blieb drei Meter von der Felswand entfernt stehen, biss sich auf die Unterlippe und musterte das Loch im Felsen, in das sich das Zündkabel hineinschlängelte. Dann drehte er sich um und fragte die anderen mit leiser Stimme: »Ist das Zündkabel gezogen?«

Entgegen seiner Gewohnheit stiefelte Norström nun selbst zu dem Holzkasten, warf einen Blick darauf und rief dann laut: »Es ist gezogen. Du kannst ruhig hingehen.«

Oskar nickte, mehr für sich selbst als zu Norström hinüber. Er nickte für sich selbst, um sich davon zu überzeugen, dass alles in Ordnung war.

Dann dreht er sich um, blinzelt zu dem Bohrloch und beginnt langsam, mit kurzen, schleichenden Schritten darauf zuzugehen. Dabei lässt er das Loch nicht aus den Augen. Er beißt sich auf die Lippe, der Schweiß läuft ihm vom Haaransatz über das Gesicht, und er blinzelt, um besser zu sehen. Als er nur noch einen halben Meter von dem Felsen entfernt ist, bleibt er stehen und beugt sich vorsichtig vor. Konzentriert und angespannt streckt er langsam den rechten Arm vor, bis die Hand genau über dem Loch schwebt. Dann holt er tief Luft und beginnt vorsichtig, das Sprengkabel aus dem Loch zu ziehen. Hinter sich hört er das schwache Klirren einer Brechstange, die an einen Stein gelehnt wird. Seine Fingerspitzen halten das Sprengkabel umfasst.

Im nächsten Moment explodiert der Fels. Norström wird noch viele Jahre erzählen, dass bei der Arbeit an dem mittleren der drei Eisenbahntunnel das Unglaubliche geschah und einer seiner Sprengmeister eine Detonation in nächster Nähe überlebte. Der Sprengmeister hieß Oskar Johansson, und der Handlanger, ein Junge von nur vierzehn Jahren, fiel in Ohnmacht, als sie Oskars rechte Hand später in einem Busch in etwa siebzig Metern Entfernung fanden. Sie entdeckten sie, weil sich die Fliegen bereits auf ihr versammelt hatten. Sie lag mit ausgestreckten Fingern zwischen dem Löwenzahn.

Und Norström konnte berichten, dass Oskar Johansson nicht nur überlebt hatte, sondern weiterhin als Sprengmeister arbeitete, nachdem er endlich genesen war.

An diesem Samstagnachmittag im Juni 1911 verlor Oskar Johansson alle seine blonden Haare. Das linke Auge wurde durch die Druckwelle aus der Höhle gerissen. Die rechte Hand direkt am Handgelenk vom Arm getrennt. Ein Splitter schnitt die Hand mit nahezu chirurgischer Präzision ab. Ein weiterer Splitter schoss wie ein glühender Pfeil direkt durch Oskars Unterleib, beschädigte das Glied und drang durch die Leiste, die Niere und die Urinblase wieder aus dem Körper heraus.

Aber Oskar Johansson überlebte und blieb Sprenger, bis er in Rente ging, und er verstarb erst am 9. April 1969.

Am Montag stand in den Lokalblättern, dass ein junger Sprengmeister bei einem grausigen und tragischen Unfall umgekommen sei. Niemand habe die Tragödie verhindern können, das Dynamit sei unberechenbar gewesen. Glück im Unglück sei jedoch, dass keine weiteren Personen verletzt worden seien und der Verunglückte keine Familie gehabt habe, die jetzt auf sich allein gestellt wäre. Diese Meldung wurde nie dementiert.

1962

Der Wecker klingelt laut und unerbittlich. Es ist Viertel nach drei Uhr in dieser Nacht Mitte Mai. Im Zimmer ist es kühl und feucht, der Ölofen ist kalt. Das Meer draußen liegt blauschwarz und still da. Darüber hängt ein schwerer grauweißer Nebel. Das matte Licht gießt karge Bilder, und die Äste der Eichen ragen wie Ruinen daraus hervor.

Als ich dem Pfad folge, der dicht am Strand entlang verläuft, knirscht der von braunem Seetang überzogene Sand wie Eierschalen unter meinen Absätzen. Ein leichtes Kräuseln zieht sich über die Wasseroberfläche. Lautlos rollen sich glättende Wellen heran. Irgendwo weit draußen ist ein Boot vorbeigefahren. Ein Hecht springt, und das Geräusch hallt zwischen den Klippen auf der anderen Seite der Bucht wider.

Die Insel ist nicht groß, in einer halben Stunde hat man sie umrundet. Bis zu der Landzunge, auf der Oskars Haus steht, brauche ich etwa fünfzehn Minuten. Ich folge dem Strand, biege dann zwischen die Eichen ein, wo der Sand in steile Felsen übergeht, gelange wieder zum Strand hinunter und bücke mich unter einem dichten Erlengestrüpp hindurch. Jetzt muss ich nur noch der sanft gekrümmten Bucht bis zu der Landzunge folgen.

Die Tür ist angelehnt. Oskar ist bereits auf. Er sitzt am Tisch und legt Patiencen, eine sehr spezielle Form des »Idioten«. Als ich eintrete, nickt er mir zu, und ich hole die Kaffeekanne, die auf dem Spirituskocher steht. Mit einer blau gepunkteten Tasse setze ich mich auf die Bank. Ich werde jetzt abwarten, bis Oskar der Meinung ist, wir sollten aufbrechen.

Oskar hat die Sauna vor sieben Jahren gekauft, als das Militär seine restlichen Baracken aus den Jahren der Mobilitätsbereitschaft aufgab. Für nur hundertfünfzig Kronen konnte Oskar sie erwerben, unter der Voraussetzung, dass er das Gebäude selbst abtragen würde. Aber Oskar ging zu dem Grundstückseigentümer und erhielt die Erlaubnis, das Haus stehen zu lassen und bis zu seinem Tod darin zu wohnen. Im Jahr darauf half ich ihm, die Saunabänke herauszureißen, die Innenwände mit Holzfaserplatten auszukleiden, einen kleinen Verschlag für das Bett zu errichten und einen Schrank und ein Fenster einzubauen. Dann strichen wir alles weiß und rot. Jedes Jahr Anfang April zieht Oskar nun auf die Insel und bleibt dort, bis die Oktoberkälte hereinbricht.

Die Sauna ist eineinhalb Meter breit und gut drei Meter lang. Wenn ich mich auf die Zchenspitzen stelle, streift mein Kopf die Decke.

Das Bett: eine alte knarzende Offizierspritsche, die er geschenkt bekam, als die große Baracke oben auf dem Hang abgerissen wurde. Eine braune Decke, zwei Garnituren Laken, der Kopfkissenbezug mit der roten Bordüre und den verschnörkelten Initialen *A.J.*

Zwei braune Küchenstühle, der Gartentisch mit der grünen Tischdecke. Der Spirituskocher, die Petroleumlampe, das Transistorradio, das Kartenspiel, die Brille, das Portemonnaie.

Die Becher, die Schüssel, der Kaffee und die Kartoffeln.

Oskar streckt den Zeigefinger der linken Hand aus und drückt eine Taste auf dem Radio. Der Zeigefinger ist dick, kräftiger als zwei gewöhnliche Finger zusammen. An der linken Hand hat er nur noch den Daumen und diesen Zeigefinger, die sich zu einer Klaue entwickelt haben, um die Funktion beider Hände übernehmen zu können. Der Zeigefinger drückt die Taste, und Musik erfüllt den Raum, allerdings viel zu laut. Aber das ist ein Zeichen. Bald werden wir uns erheben und aufbrechen.

Kurz vor halb fünf setzen wir uns in Oskars grasgrünes Ruderboot. Es ist ein leichtes Gefährt mit einem flachen Boden und besteht aus Hartfaserplatten, die an einen einfachen Holzrahmen genagelt wurden. Ich sitze achtern, und Oskar rudert uns vom Strand weg. Das linke Ruder umfasst er mit seinen Fingern, das rechte hält er in der rechten Armbeuge. Als wir an den drei Holzplanken vorbeikommen, die Oskars Steg darstellen, wendet er das Boot, und wir beginnen, die Landzunge zu umrunden.

Wortlos bewegen wir uns über die Wasseroberfläche. Noch immer ist es kühl, und der Nebel weiterhin grau. Oskar rudert gleichmäßig und im Takt seiner Atemzüge. Hält er inne, hält er auch die Luft an.

Auf der anderen Seite der Landzunge liegen unsere Netze. Ein Barschgarn. Ein Flundergarn. Aber erst die Barsche, dann die Flundern. In derselben Reihenfolge wie immer ziehen wir die Netze heraus, wobei ich achtern in die Hocke gehe und Oskar das Boot sacht rückwärtsrudert. Bei jedem Fisch zählt er laut mit. Eine Ziffer, eine Nummer, ganz einfach.

»Eins.«

»Zwei.«

»Drei.«

»Vier.«

Ein kräftiger Barsch und drei Flundern. Sie zappeln zwischen unseren Füßen am Boden. Die Netze liegen in einem

Haufen auf meinen Stiefeln. Oskar wendet das Boot, und wir rudern zurück.

Mai 1962. Wir hören Radio Nord. Oskar lacht gewöhnlich, wenn die Stimme im Radio die Sendefrequenz angibt und dabei von Megahertz spricht.

»Was zum Teufel meinen die? Riesenherzen?«

Er lacht über seinen eigenen Witz und blinzelt mir mit seinem einen Auge zu. Der Zeigefinger trommelt auf das Wachstuch.

Der Nebel ist noch immer genauso dicht, das Meer ebenso unbewegt, aber das Licht wird stärker und schneidet durch den Dunst. Oskar dreht sich auf dem Stuhl herum, packt die Lehne mit seinen zwei Fingern und stemmt sich weit genug hoch, um aus dem Fenster zu sehen. Er wirft einen Blick hinaus, dann sinkt er wieder auf den Stuhl zurück und widmet sich erneut seiner seltenen Variante der Idioten-Patience.

Die Karten sind schmutzig und abgegriffen. Pik Bube hat einen Blutfleck auf einem seiner Gesichter. Kreuz Sieben stammt aus einem anderen Kartenspiel mit verschiedenen Segelschiffen auf der Rückseite. Das zweite Spiel ist weinrot mit einer schmalen weißen Bordüre am Rand.

Radio Nord sendet »Da sprach der alte Häuptling der Indianer« von Little Gerhard.

Der Zeigefinger klopft langsam auf die Tischdecke wie ein herabfallender Schmelzwassertropfen. Die Patience geht nicht auf.

1911

»Ich habe sie ein halbes Jahr vor dem Unfall kennengelernt. Ziemlich genau ein halbes Jahr zuvor. Im Juni funkte es zwischen uns. Wir hatten nicht viel übers Heiraten geredet, aber zu dieser Zeit kam etwas anderes ja nicht infrage. Wenn man sich kennenlernte und anfing, miteinander zu gehen, musste man heiraten. Sie war genauso alt wie ich, uns trennten nur drei Tage. Die war sie älter. Wir trafen uns immer am Samstagabend, da hatte sie vier Stunden frei. Sie arbeitete bei dem Direktor einer Textilwarenfirma und hütete seine drei kleinen Kinder. Einen Jungen und zwei Zwillingsmädchen, und sie schlief hinter dem Kinderzimmer. Sie gehörte zu jener Generation von Arbeitermädchen, die den Großteil ihrer Jugend bei Bürgern in der Kammer neben der Küche oder dem Kinderzimmer wohnte. Dabei konnte sie Kinder nicht leiden, aber sie bekam ja keine andere Arbeit.

Meist machten wir Spaziergänge durch die Stadt. Ich erinnere mich eigentlich nicht daran, worüber wir miteinander sprachen. Wir schlenderten einfach dahin.

An eine Sache mit ihr erinnere ich mich aber doch. Es war an einem Donnerstag, ungefähr einen Monat vor dem Unfall. In der Stadt feierten die Studenten, und wir gingen spazieren. Da kamen uns drei Studenten auf dem Bürgersteig entgegen, und sie wichen nicht aus, weshalb das Mädchen und ich einen Stoß in die Seite bekamen. Daran erinnere ich mich ganz deutlich. Solche Sachen vergesse ich nicht. Solche Einzelheiten ohne Bedeutung.«

Elly verlässt das Haus durch die Küchentür. Sie trägt ein weißes Kleid, braune Stiefel und einen schwarzen Schal um die Schultern. Sie ist ziemlich klein und ein bisschen mollig. Ihr Gesicht ist rund, mit einem frischen Teint und grünen Augen. Dazu braune, krause Haare. Sie presst die Lippen aufeinander. Ihre Zähne sind blassgelb, und sie hat schon einen Zahn im Oberkiefer verloren, genau dort, wo für gewöhnlich ihr Lachen endet.

Oskar wartet vor der Gartentür. Er sieht Elly auf dem breiten Kiesweg herankommen, der von der dreistöckigen Villa herabführt. Sie lächelt ein bisschen geniert, als sie am Schloss der Gartentür herumfummelt. Dann stehen sie einander gegenüber, nicken und beginnen, nebeneinander den Bürgersteig entlangzugehen. Dabei schweigen sie. Die Luft ist warm, und sie laufen an hohen Maschendrahtzäunen und Villen hinter weißen Mauern entlang Richtung Stadtzentrum, in ihr eigenes Milieu.

»Wie sieht es nächsten Donnerstag bei dir aus?«, fragt Oskar Elly.

Elly antwortet: »Da habe ich auch frei.«

Eine brandgelbe Straßenbahn rumpelt stadteinwärts vorbei. Sie bleiben stehen, um zu schauen, ob sie in den beiden Wagen ein Gesicht erkennen. Als die Bahn an der nächsten Haltestelle hält, steigt ein Paar mittleren Alters aus und geht langsam in ihre Richtung. Es weht ein leichter Wind. Elly streicht sich mit der Hand über das Gesicht, wendet sich ab und lächelt. Oskar greift nach ihrer Hand. Er hat sich heute besonders gründlich gewaschen, wie jeden Donnerstag.

Einen Monat später liegt seine Hand mit ausgestreckten Fingern zwischen dem Löwenzahn, und mit starren Gesichtern blicken die Sprenger darauf.

Oskar und Elly überqueren den mit Kopfsteinen gepflasterten Markt. Aus der Ferne kommen ihnen drei Studenten entgegen.

»Latein war am schlimmsten. Enoksson hat mich nie gemocht. Er hätte mich durchfallen lassen, wenn er gekonnt hätte.«

Schwarze Lackschuhe, blaue Spazierstöcke mit silbergrauer Spitze. Ein schwarzer Fuß, der in der Luft die Richtung ändert und mit knapper Not einem braunen, klebrigen Kothaufen entgeht.

»Stellt euch vor, in diesem Jahr haben sie sieben Leute durchfallen lassen. Es gab viele schlechte Klassen.«

»Die Emporkömmlinge.«

Lackschuhe, klappernde Schritte.

»Also, schaut euch mal das Mädchen da drüben an. Die in Weiß mit den großen Brüsten. Sie arbeitet bei uns als Magd. Irgendwann werde ich abends zu ihr reingehen und sie anfassen.«

»Wieviel bekommt sie?«

»Zehn Kronen, aber dafür krieg ich alles, was ich will.«

»Hast du es schon mal gemacht?«

»Oh ja. Zweimal.«

»Mit ihr?«

»Mit einer Hübscheren.«

»Wen hat sie da dabei?«

»Weiß nicht.«

»Sollen wir sie anrempeln?«

»Na klar.«

Spitze Lackschuhe. Seidensocken. Graue Wollhosen. Jackett. Die weiße Mütze. Pickel am Kinn, auf dem Rücken,

auf den Hinterbacken. Ellbogen, die noch rundlich sind, sto-
ßen Oskar und Elly zur Seite. Ein Gruß, die Zigarre aus dem
Mund genommen, die Mütze in der schmalen Hand.

»Guten Abend, Elly.«

Oskar sagt nichts. Sie gehen weiter, und er lässt Ellys Hand
nicht los. Aber dann fragt er rasch, als wolle er das Gesagte
unwichtig erscheinen lassen: »Kennst du sie?«

Und Elly? Elly, jetzt musst du antworten.

»Er ist der Sohn von den Leuten, bei denen ich arbeite.
Aus einer anderen Ehe.«

»Aha.«

Oskars Blick verdüstert sich. Seine Absätze knallen auf
das Kopfsteinpflaster. Eifersucht flammt in ihm auf, und ein
böser, hartnäckiger Gedanke setzt sich in seinem Magen fest.

»Was für ein Scheißkerl. Hat er dich auch angerempelt?«

»Ein bisschen.«

Oskars kneift die Augen zusammen. Sprengteufel, Arbei-
terschwein, Pack, Pack, Pack. Zwölf Blagen in der Küche,
zehn weitere in der Kammer. Stapelt sie aufeinander. Ratten-
polizisten. Verschimmeltes Essen. Kalt sollen sie es haben.
Schirmt die Sonne mit hohen weißen Villen ab. Ihr sollt
Häuser für uns bauen und Wände gegen die Sonne. Zieht
ihnen die Zähne, reißt ihnen die Stimmbänder raus. Schlagt
ihnen Nägel in die Füße.

»Was ist, Oskar?«

Elly entzieht ihm ihre Hand und schaut Oskar an. Er
schüttelt den Kopf.

»Nichts. Ich habe nur nachgedacht.«

Noch einen Häuserblock. Die Sonne geht allmählich unter.

»Woran hast du gedacht?«

Ein weiterer Block.

»An nichts. Wollen wir umkehren?«

»Das ist wohl das Beste.«

Da haben sie bereits kehrtgemacht. Klaviermusik erklingt aus einem offenen Fenster. Elly und Oskar. Elly und Oskar.

Die Stadt, in die sie zurückgehen: Holzhütten, die sich verzweifelt Seite an Seite drängen, einander stützen, einander wärmen. Hohe weiße Ziegelmauern säumen einen Markt, schirmen die Hütten ab. Der kurze Weg von den Villen der Bürger bis hierher. Der lange Weg zurück.

Elly geht in ihre Kammer hinter dem Kinderzimmer. Das andere Mädchen schläft schon. Die Decke ist ihr heruntergerutscht, und sie schnarcht mit offenem Mund. Das Geräusch schneidet in Ellys Ohren. Sie zieht ihr weißes Kleid aus, und ohne weiter nachzudenken, steckt sie es unter ihre Seite des länglichen Kissens. Dann kratzt sie langsam mit dem Nagel des kleinen Fingers über die Tapete. Plötzlich meint sie, eine Straßenbahn in dem weiß-braunen Muster zu erkennen. Mit diesem Bild schläft sie ein.

Über Elly: Im Frühjahr 1911 ist sie dreiundzwanzig Jahre alt. Sie arbeitet bei dem Direktor einer Textilfabrik in der Stadt.

Über Oskar: Er geht durch die Straßen. In sieben Stunden wird er mit seiner Stange vor Norström stehen.

Die Insel

Der Nebel hat sich gelichtet, und ich erhebe mich, um zu gehen. Oskar mischt sein Kartenspiel. Dazu fächert er das Blatt mit seinem Daumen auf dem Tisch auf. Dann mischt er die Karten mit seinem Zeigefinger, ehe er sie wieder mit dem Daumen zu einem Stapel zusammenschiebt.

»Sollen wir es heute Abend lassen?«

»Ja. Morgen müssten es mehr sein.«

»Ich komme wohl so gegen sieben. Also, bis dahin.«

»Tschüss.«

Oskar sitzt auf dem Stuhl. Es ist viertel nach sieben, und er wird bald zu Bett gehen und dann einige Stunden schlafen.

Die Insel liegt im äußersten Schärengarten und sieht wie ein abgesägter Bumerang aus. Dort gibt es Eichen, Birken, Klippen und Sand. Von drei Seiten der Insel blickt man direkt aufs offene Meer hinaus. Die vierte Seite fällt zu einem schmalen Sund ab, der zu einer Insel mit einem Fischerdorf führt.

Auf einer staatlichen Karte ist die Insel namenlos wie eine Schäre.

Jedes Frühjahr und jeden Herbst legt das Zollboot an. An der höchsten Stelle der Insel steht eine Radioantenne. Für gewöhnlich kommen die Zollbeamten dann herunter und begrüßen Oskar. Radio Nord tönt über die Bucht. Die Zollbeamten lachen, Oskar lacht. Einer von ihnen geht zur Rückseite des Hauses, wo ein unterirdischer Vorratskeller liegt, viereckig, einen Meter tief und mit einem Holzdeckel. Sie nehmen die Bierdosen, gehen ins Haus, und hin und wieder ist Oskars kräftige Stimme zu hören, die nun noch lauter dröhnt.

Die Schwestern

»Dass ich dann stattdessen ihre Schwester geheiratet habe, ist wohl ein wenig sonderbar. Aber ich war ja über ein Jahr lang krank, und Elly zog fort. Anfangs hat sie mich besucht, aber ich sah, dass sie sich beim Anblick meiner Verletzungen ekelte. Es war wohl weniger das Auge als die Hand, glaube ich. Schließlich sagte sie, sie würde aus der Stadt wegziehen. Dabei war sie wohl bereits ein wenig rundlich, obwohl sie versuchte, es zu verbergen. Ich kann mich nicht erinnern, dass es mir etwas ausmachte. Ich hatte ja all diese Schmerzen. Ihre Schwester kannte ich fast drei Monate, bis ich begriff, dass sie eine jüngere Schwester von Elly war. Sie glichen einander überhaupt nicht, höchstens in der Haarfarbe. Nachdem wir dann geheiratet hatten, traf ich Elly noch mehrere Male. Es war nie ein Problem. Sie hatte einen guten Mann, und wir waren uns ja nie sehr nahe gekommen. In der Zeitung habe ich gelesen, dass Elly vor ein paar Jahren gestorben ist.«

Der Ruderschlag

Der Ruderschlag wird eins mit dem Atemrhythmus. Oskars verschiedene Stimmen bilden ein Ganzes, das so eigentlich nicht existiert.

Oskar deformiert seine Geschichte selbst. Er spricht vom Verlust der Erinnerung, über Unwesentliches, von Unlust. Er löst Fragmente aus der Geschichte heraus und erzählt abgehackt, während sein Zeigefinger auf das Wachstuch trommelt. Fragen beantwortet er selten. Er umgeht sie nicht, aber seine Antworten sind stets zweideutig und richtungslos.

Seine Art, sie zu umgehen.

»Das haben andere sehr gut beschrieben.«
   »Daran erinnere ich mich kaum.«

Aber das kannst du doch nicht vergessen haben.

Wir sitzen auf der Bank vor der Sauna, schlagen nach den Fliegen, flicken das Fischernetz und trinken Kaffee. Und dann erwähnt Oskar ganz beiläufig irgendetwas. Ich höre die Wörter, fülle die Zwischenräume, messe den Marginalien mehr Bedeutung zu.

Oskar Johansson, Sprengmeister mit einem zerfetzten Körper. Hier sitzt er und erzählt beiläufig das eine oder andere. Die Sätze verflechten sich ineinander und lösen sich wieder.

Der Wecker klingelt weiter laut und unerbittlich, und der Abstand zur Sauna ist stets der gleiche.

Wir sitzen im Ruderboot.

Oskars eintöniges Zählen der Fische, die wir gefangen haben.

Das Kartenspiel, Radio Nord, Frequenzen und blau gepunktete Kaffeebecher.

Und der Erzähler?

Oskar ist der Meinung, der ziehe das Netz zu langsam aus dem Wasser.

Oskar Johansson

Oskar wurde 1888 in Norrköping als drittes von fünf Geschwistern geboren. Drei Schwestern und zwei Brüder: Elsa, Karl, Oskar, Anna, Viktoria. Elsa und Viktoria starben früh. Elsa, die Älteste, hat Oskar nie kennengelernt. Als er geboren wurde, war sie nur noch eine traurige Erinnerung. Und eines Tages, Oskar war sieben Jahre alt, kam sein Vater in den Hof hinunter. Mit ernster Miene nahm er Oskar behutsam in die Arme und sagte, er solle ins Haus kommen. In der Küche saß seine Mutter und weinte, und sein Vater erzählte ihm, dass Viktoria von dem Steilhang hinter den Baracken gefallen und tot sei. Deshalb solle Oskar eine Weile im Haus bleiben und trauern.

Dann standen sie auf dem Friedhof um den kleinen Körper herum, und der Vater wollte die Mutter trösten. Daher sagte er, dass es nun genug sei mit Kindern. Drei seien genau richtig.

»Ich erinnere mich nicht mehr im Einzelnen, was wir gemacht haben. An mir war nichts Besonderes. Ich spielte dieselben Spiele wie alle anderen Kinder. Ich trug die gleichen Kleider. Manchmal waren sie heil, manchmal verschlissen. Wir spielten in den Hinterhöfen, rannten herum und schrien. Wenn wir Katzen entdeckten, jagten wir sie. Einmal steckten wir eine in ein Loch unter dem Plumpsklo im Hof und versperrten es mit Holzscheiten. Die Katze war weiß. Bestimmt hieß sie Putte. Und natürlich ging ich zur Schule wie alle anderen. Da war nie etwas Besonderes. Manchmal frage ich mich, was ich damals gedacht habe. Wäre vielleicht schön dahinterzukommen. Aber ich erinnere mich nicht. Wahrscheinlich rannte ich die meiste Zeit herum und schrie wie die anderen. Wir kletterten über den Bretterzaun und wieder zurück, waren kurz zu Hause, um zu essen, dann rannten wir erneut in den Hof. Wir waren drei, vier Jungen, die zusammenhielten. Einer hieß Oskar, genau wie ich. Wir taten so, als wären wir Brüder. Sein Vater hat sich schließlich aufgehängt, und seine Mutter machte einige Jahre später wohl das Gleiche. Aber an mir war nie etwas Besonderes. Ich spielte wie alle anderen. Dieselben Spiele.«

Im dritten Sommer sitzt eines Tages jemand neben Oskar vor der Sauna. Als ich herankomme, nickt er mir zu.

»Ich bin Karl.«

Oskar lächelt.

»Das ist mein Bruder.«

»Wir haben uns lange nicht gesehen.«

Dann hocken sie weiter auf der Holzbank, blicken über das Wasser und reden miteinander. Karl ist nur für einen Tag gekommen. Ein Boot holt ihn ab, er muss zurück in sein Seniorenheim. Die Brüder reichen einander die Hand, dann geht Karl vorsichtig auf die Planken hinaus und klettert in das Boot. Es setzt zurück, wendet und verschwindet um die Landzunge herum.

Der Unfall

Als das Grollen sich gelegt und der erste Schock nachgelassen hatte, lief Norström an der Spitze der anderen zur Felswand.

»Bleib du da. Du sollst das hier nicht sehen«, brüllte Norström dem Handlanger zu. Der Junge stand bei den Männern, die ihre Brechstangen fallen ließen. Er zitterte am ganzen Körper, und die Tränen schossen ihm in die Augen.

»Ekelhaft.«

Die Arbeiter stehen im Abstand von ein paar Metern in einem Halbkreis rund um Oskars Körper, der verdreht auf dem Boden liegt. An verschiedenen Stellen strömt Blut aus ihm heraus. Das helle Haar ist versengt, und es riecht nach verbrannter Haut. Das eintönige Summen der Schmeißfliegen schneidet in die Ohren.

Aber plötzlich: ein leichtes Zucken in Oskars rechtem Bein.

»Herrgott noch mal. Er lebt.«

»Was?«

»Er lebt.«

»Wie zur Hölle …«

»Her mit den Hemden. Verbindet ihn, auf Teufel komm raus.«

Die Sprenger reißen sich die Hemden vom Leib. Vorsichtig presst man sie auf die blutenden Löcher, bindet die verstümmelten Gliedmaßen ab. Norström brüllt.

»Hol schnell einen Karren. Oskar lebt.«

Und der Handlanger rennt.

Es bleibt keine Zeit, auf etwas anderes zu warten. Nun liegt Oskars Körper auf einem Karren, und die Sprenger rasen durch die Stadt zum Krankenhaus. Sie rennen mit diesem alten Karren, der ruckelt und über das Kopfsteinpflaster holpert. Die Leute bleiben auf dem Bürgersteig stehen, drehen sich um und rufen, Was ist geschehen? Doch sie bekommen keine Antwort. Die Sprenger nehmen den Kiesweg hinauf zum Krankenhaus. Norström, der vor Erschöpfung ganz erledigt ist, rennt mit wild schlagendem Herzen durch die Tür.

»Es ist ein Notfall!«

Als die Weißgekleideten endlich begreifen, was geschehen ist und dass der Mann auf dem Holzkarren noch lebt, reagieren sie sehr schnell. Behutsame Hände heben den schwarz verbrannten und rot gefleckten Körper an, legen ihn auf eine Liege und verschwinden durch Türen und durch Korridore.

Was taten die erschöpften Sprenger dann? Haben sie sich auf die Treppe in der Sonne gesetzt, zitternd und verängstigt? Oder sind sie an ihren Arbeitsplatz zurückgekehrt? Oder haben sie sich in verschiedene Richtungen zerstreut?

Einmal bekam ich eine Antwort, ohne zu fragen.

»Ich habe doch mehrere Jahre mit denselben Männern gearbeitet, aber ich erinnere mich an keinen einzigen Namen. Doch, an Norström natürlich, aber sonst an keinen. Es war damals so, wir waren alle anonym. Wir zählten nur als Sprenger. Ein Haufen Sprenger, ein Haufen Schreiner, ein Haufen Textilarbeiter. So blieben wir auch untereinander nur ein Haufen Sprenger. Es war wohl eine Art Selbstverachtung. Manchmal besuchten sie mich im Krankenhaus. Norström war da, und er sagte, er sei stolz darauf, dass ich es geschafft hatte. Er kenne niemanden in einer anderen Sprengmannschaft, der eine solche Explosion überlebt hätte. Die anderen Männer saßen meistens schweigend da und fragten nur, wie es mir ging. Wenn sie etwas erzählten, dann, dass sie an jenem Tag tatsächlich noch eine Stunde gearbeitet hatten. Sie hatten nach der Sprengung aufgeräumt. Die rechte Hand haben sie jedoch erst am Montag gefunden. Wir waren einfach ein Haufen Sprenger. Es gab höchstens Spitznamen.«

Aber hier täuschte sich Oskar. Diesbezüglich wird er sich selbst berichtigen. Er hat eine gespaltene Erinnerung. Damals war Oskar ein anderer. Heute erzählt er ausweichend. Nicht, um etwas zu verbergen, sondern weil er Details sinnlos findet.

Oskar Johansson ist sein ganzes Leben lang Arbeiter gewesen. Er hat allerlei gedacht und getan, aber er war immer Arbeiter. Was hat seine Gedanken verändert? Was sein Handeln? Warum spricht er von seinen Leuten als einem Haufen?

Oskar ist bei unserem ersten Treffen achtundsechzig Jahre alt. Er hat zusammen mit seiner Frau, Ellys Schwester, in seiner Wohnung in der Stadt gelebt. Nach ihrem Tod lebt er allein und fährt im Sommer auf die Insel. Oft bringt ihn sein Sohn hinunter zum Bootshafen und holt ihn im Herbst wieder ab. Sein Sohn besitzt einen Waschsalon. Oskar und Ellys Schwester haben noch zwei jüngere Kinder, beides Mädchen. Sie sind verheiratet und wohnen an anderen Orten im Land. Oskar hat auch Enkel von den Töchtern.

In der Stadt bewohnte Oskar eine Zweizimmerwohnung im Erdgeschoss eines Mietshauses, das Ende der vierziger

Jahre errichtet wurde. Das Stadtviertel, in dem das Haus steht, wird gerade saniert. Ich kann mich nicht erinnern, ob es der Aufgang A, B oder C war, aber das Gebäude existiert noch. In einem der Fenster im Erdgeschoss stehen jetzt üppige schwere Topfpflanzen. Vielleicht hat er dort gewohnt. Ich könnte ja nachfragen, aber es ist unwichtig.

Oskar ist ein bemerkenswerter und seltener Fall. Ein Arbeiter, der eine Sprengung in unmittelbarer Nähe überlebt hat. Deshalb liegt er in einem Einzelzimmer mit hoher Decke. Da Oskar hier lange liegen wird, hängt man ein Porträt der königlichen Familie seinem Bett gegenüber an die Wand. Der König und die Königin sitzen, die Prinzen und Prinzessinnen, Schwager und Schwägerin und die Cousinen stehen. Verwaschene blasse Farben. Oskars Zimmer befindet sich in einem der oberen Stockwerke. Durch das Fenster sieht er den Himmel und die Konturen von Blechdächern ganz unten. Manchmal flattert eine Taube ins Bild. Manchmal sind es zwei oder zehn.

»Ich lag wohl meist auf dem Rücken und schaute zum Fenster hinaus. Da gab es zwar nichts zu sehen, aber ich wartete darauf, dass dort draußen irgendetwas auftauchen würde. Gegen die Schmerzen konnten sie ja nicht viel tun. Nach etwa einem halben Jahr tauchte vor dem Fenster tatsächlich etwas auf. Es war ein gelber Ballon mit einem Korb darunter. Er trieb am Fenster vorbei, in weiter Ferne, also sah ich ihn lange. Im Korb standen drei Personen. Sie schauten in verschiedene Richtungen. Es war wohl ein Wettbewerb, und sie hatten sich verirrt und waren vom Kurs abgekommen.

Schmerzen verträgt man nie gut, aber man kann sich daran gewöhnen. Am schlimmsten war es mit dem Auge. Da war zwar nichts zu spüren, aber die leere Höhle fühlte sich auf eine andere Art scheußlich an. Ich wollte blinzeln, aber da war nichts. Aus dieser Zeit erinnere ich mich recht gut an das, was mir so durch den Kopf ging. Das kommt wohl daher, dass ich nichts anderes tun konnte.«

Oskars Fall ist sowohl von Sprengexperten wie auch von Ärzten gründlich dokumentiert worden. Es existieren Skizzen, Röntgenbilder und Fotografien. Dazu gibt es die kargen Berichte der Krankenakte. Es gibt Norströms weitschweifigen Bericht darüber, was an diesem Samstagnachmittag kurz nach drei geschah. Und es gibt Oskars eigene Worte. Drei Sätze. Kurze, zögernde.

»Ich hatte gerade das Zündkabel angefasst. Ich wollte anfangen zu ziehen. Dann kam es wie ein Blitz.«

Oskars Fall war unerklärlich. Die Sprengexperten sprachen von elektrischen Impulsen, Überhitzung. Die Ärzte sprachen von erstaunlich glimpflichen Verletzungen. Aber der Fall wurde als »im Grunde unmöglich« eingestuft.

Ein Universitätsprofessor besuchte Oskar mehrmals während des Herbstes. Er war Theologe.

»Er fragte wie alle anderen, ob ich mich an irgendetwas erinnern würde. Aber das tat ich nicht. Sie wollten wissen, ob es auf einen Schlag schwarz wurde, und ich sagte, es wurde weiß. Sie fragten, wann ich wieder zu Bewusstsein gekommen sei, und ich antwortete, dass ich das nicht weiß. Aber sie glaubten mir nicht. Doch warum sollte ich etwas verbergen? Es war einfach so, dass ich mich an nichts erinnern konnte.«

Die Krankenakte ist mit einer krakeligen, schwer zu entziffernden Schrift verfasst. Sie wird weiterhin aufbewahrt.

Für wen?

Nach einem heftigen Augustregen stellt Oskar fest, dass es von der Ecke genau über dem Spirituskocher tropft. Ich sehe nach. Die Dachpappe ist an den Rändern aufgeweicht.

»Wir müssen das ganze Dach erneuern. Wenn man am Leben bleibt, ist es gut, das gemacht zu haben.«

Die Teerpappe kommt mit dem Postboot. Während ich auf dem Dach liege und sie festnagele, höre ich Radio Nord aus dem Zimmer unter mir. Manchmal schlurft jemand über den Boden. In zehn Minuten ist der Kaffee fertig.

Aufgebrühter Kaffee. Ziemlich dünn.

Im letzten Herbst ist Oskar am 24. Oktober zurückgefahren in seine Wohnung. Es wehte ein starker Nordwind, weshalb das Boot, das ihn abholen sollte, Schwierigkeiten hatte, bei den drei Planken des provisorischen Stegs anzulegen.

Mitte November begann eines seiner Beine Oskar zu plagen. Morgens war das Bein fast taub und ohne Gefühl. Er begab sich ins Krankenhaus und wurde zum zweiten Mal in seinem Leben eingewiesen. Diesmal sollte er nicht mehr herauskommen. Er bekam einen Wundbrand, und das Bein musste amputiert werden. Eines Morgens kurz vor Weihnachten erlitt er dann einen Schlaganfall. Sein verbliebenes Bein und ein Arm waren gelähmt, und er konnte nicht mehr sprechen. So lag er bis Anfang April, als er noch einen Schlaganfall bekam. Am 9. April, eine Stunde nach Mitternacht, starb er.

Es war ein Dienstag. Die Beerdigung fand am Samstag statt. Um 12:45 Uhr begannen die Glocken zu läuten, und seine drei Kinder betraten die Kirche. Der Sarg war braun. Dazu Kerzen und ein einfaches Blumengesteck, das vom Bestattungsunternehmen besorgt worden war.

Zwei kurze Orgelstücke, die Worte des Pfarrers nach dem Katechismus, und schon ist der Akt vorüber. Draußen ist es frisch. Auf dem Friedhof wird an den Beeten gearbeitet. Die Geschwister gehen zusammen weg, trinken miteinander Kaffee und einigen sich auf einen Tag für die Aufteilung des Erbes.

Am Montag steht die Todesanzeige in der letzten noch vorhandenen Lokalzeitung.

Die Trauerfeier hat stattgefunden.

Die Urne wird einen guten Monat später beigesetzt. Der Sohn fährt in der Mittagspause hinaus zum Friedhof.

Die Aufteilung des Erbes geht schnell. Die Möbel will keiner haben. Leintücher, Hausrat, ein paar Bücher, Gemälde und Fernseher werden ohne Schwierigkeit unter den Geschwistern geteilt. Das wenige Geld reicht für die Beerdigung. Die Kleider werden verbrannt.

Niemand hat je etwas von dem abgeholt, was Oskar in der Sauna hinterlassen hatte. Das Radio ist noch da, eine Tablettenschachtel mit Zehn-Öre-Stücken, einige Laken und Kopfkissenbezüge. Ein Spiegel, ein Topf und ein paar blau gesprenkelte Tassen mit Sprung.

Auch sein Geruch bleibt. Der herbe Geruch nach altem Mann.

Schlüsselsätze

Die Erzählung.

Kleine Holzperlen der Geschichte, die zusammen einen Rosenkranz ergeben.

Das Aufgezeichnete und die Erinnerungen. Oskar Johansson ist zwei Personen. Tatsächlich war er ein ehemaliger Sprengmeister, der die Sommer über in einer Sauna wohnte. Und es gibt den anderen Oskar Johansson, der zum Protagonisten einer Erzählung wird. Beide sind an Hirnblutung gestorben.

Die Erzählung ist der Versuch einer Rekonstruktion dessen, was Oskar eigentlich nie gesagt hat. Ein Versuch, die Ursachen für seine Veränderung zu beschreiben.

Es gibt einige Schlüsselsätze.

»Ich habe dieselben Spiele gespielt wie alle anderen.«

»Natürlich habe ich sofort wieder als Sprengmeister gearbeitet, nachdem ich genesen war.«

»Arbeiter ist man immer geblieben.«

»Alles hat sich verändert, aber nicht für uns.«

Elly

Die abgeschirmte Nachtlampe auf dem Tisch wirft ein schwaches, bleiches Licht. Oskar liegt auf dem Rücken in seinem Bett und atmet ruhig ein und aus. Der Kopf ist in einen weißen Verband gewickelt. Über dem linken Auge liegt eine dicke Schicht von Kompressen, mit Mullbinden um Kinn und Schädel befestigt. Die blau-weiße Decke ist bis zum Kinn hochgezogen. Was man von Oskars Gesicht sieht, den Mund, das geschlossene rechte Auge, eine Wange, die Nase, ist blassgelb. Die Arme liegen ausgestreckt auf der Decke. Der rechte Arm endet in einem runden Stumpf, der mit Kompressen und Mullbinden verbunden ist. Die linke Hand hat dieselbe Form, ein weißer Stumpf. Über dem Unterleib und dem Rumpf spannt sich die Decke von all den unförmigen Verbänden. Sie wärmen die Wunden, die das Dynamit gerissen hat.

Oskars Bett ist graublau. An einigen Stellen ist die Farbe abgeblättert, und der Stahl schimmert durch. Am Fußende hängt das Krankenblatt. Die Fieberkurve zeichnet die Konturen einer alpinen Landschaft, die langsam zu einem ebenen, unbewirtschafteten Tal abfällt. Die Vorhänge sind zugezogen. Alles in diesem Zimmer ist karg und weiß.

Eine weißhaarige Krankenschwester öffnet vorsichtig die Tür. Lautlos geht sie zum Bett, beugt sich über Oskar, horcht und streicht mit einer Hand über sein Herz. Dann dreht sie sich um, verlässt das Zimmer und schließt leise die Tür.

Oskar schläft nicht. Er liegt da und lauscht seinen Schmerzen. Unter dem Verband über dem Auge zuckt es in der leeren Augenhöhle. Er versucht, das Loch vor sich zu sehen, aber das Bild hüpft ruckartig und unsicher. In einem Moment erkennt er nur eine rote Höhle, dann wechselt das Bild, und er sieht eine schleimige Eiterbildung, die in einer Hautschale wabert. Das Auge ist weg, aber die Zuckungen, das Echo des Blinzelns, sind noch vorhanden. Die ständige Erinnerung führt zu einer nagenden Übelkeit. Oskar versucht, die Gedanken und Bilder auf andere Dinge zu lenken, aber jede dritte Sekunde zuckt das rechte Auge, und die leere linke Augenhöhle antwortet.

Durch seinen Unterleib jagt ein beständiger Schmerz. Es pocht und beißt in allen zerstörten Nervenbahnen. Oskar weiß nicht genau, was geschehen ist, nur, dass das halbe Glied abgerissen ist, die Harnleiter und der Hodensack jedoch verschont blieben. Er weiß es nicht und hat es nicht gesehen. Die gesamte untere Körperhälfte ist zu einem dicken Paket verschnürt, aber Oskar spürt, wie alles da drinnen klebt und schmiert. Wenn der Verband gewechselt wird, versucht er jedes Mal, sich zusammenzunehmen und hinzusehen, aber er schafft es nicht. Jede Bewegung, jede Drehung des Körpers verursacht unerträgliche Schmerzen, und er schreit laut auf. Anfangs hat er mit allen Mitteln versucht, es zu unterdrücken. Er hat sich in die Zunge gebissen, hat alle gesunden Muskeln im Körper angespannt, um dem Schrei zu widerstehen, der in seiner Brust aufstieg, aber es gelang ihm nicht. Jetzt schreit er einfach.

Tag wie Nacht dämmert Oskar in regelmäßigen Abständen weg, sie unterscheiden sich nicht mehr für ihn. Fünfmal täglich bekommt er flüssige Nahrung, eine warme Hand stützt ihn im Nacken, und jeder Schluck befeuert die Schmerzen. Nachdem er im Bad war, werden die Verbände gewechselt. Danach schläft er wieder ein und wacht auf, sobald er sich bewegt hat. Dann liegt er da und starrt vor sich hin oder schließt das Auge. Tag und Nacht das Gleiche. Die Zeit fließt dahin, während Gedanken und Bilder durch seinen Kopf flattern.

Nichts scheint für Oskar mehr wirklich oder greifbar zu sein, und auch wenn die abstumpfende Wirkung der Medikamente nachlässt, kann er die Situation kaum begreifen.

Aber es gibt in seinem Kopf keine Bilder von explodierenden Felswänden. Keine Bilder, auf denen er in der Junihitze in einiger Entfernung steht und sich selbst mit einer Hand nach dem Zündkabel fassen und dann in eine Leere hinein explodieren sieht. Keine Bilder, auf denen er in einer verdrehten Stellung auf dem Boden liegt. Er hört weder Norströms Gebrüll noch das Weinen des Handlangers. In seinem Kopf gleiten lediglich unendliche Reihen weiß gekleideter Menschen vorbei. Leute in Kitteln, deren Gesichter manchmal an Elly erinnern. Gestalten, die sich über ihn beugen, ihn anlächeln, seine Decke zurechtziehen und ihm die Verbände wechseln. Die Wirklichkeit ist auf ein absolutes Minimum reduziert. Alles andere ist ausgelöscht. Unter der Schädeldecke starren ihn keine Erinnerungen an. Kein Mensch aus der Vergangenheit zeigt sich. Oskars Welt besteht nur noch aus dem leicht Greifbaren und Fassbaren. Und sie endet an den Wänden dieses Zimmers. Die Unendlichkeit ist der blaue oder graue Himmel. Seine Reisen unternimmt er mit dem Bett, das zum Röntgen durch die Korridore und Labore geschoben wird.

Das Einzige, was aus einer anderen Zeit gegenwärtig ist, ist Ellys Gesicht. Noch hat sie ihn allerdings nicht besuchen dürfen. Noch geht es ihm zu schlecht. Aber er sieht Ellys Gesicht, das sich über ihn beugt, und wie sie ihr verkniffenes Lächeln lächelt. Tagsüber taucht das Gesicht am Fenster auf, wie ein Relief vor dem blauen oder grauen Hintergrund.

Und dann gibt es die Träume. Farbenfroh und chaotisch. Da er so oft aufwacht, erinnert er sich fast immer an das, was er geträumt hat. Jeder neue Wachzustand beginnt damit, dass er auf seinen letzten Traum zurückblickt.

Er träumt, dass er in einem dunklen Keller sitzt und Fahnen näht. Eine schmale Fensterluke oben an der Wand spendet ein schwaches Licht. Der Raum ist grau, mit nackten Mauern und einem Boden aus festgestampften Lehm. Es ist kalt und feucht. Er sitzt auf einem braunen Holztisch und näht die Säume von zwei Meter langen Fahnen. An einer Wand steht eine Rolle mit blaugelbem Stoff. Das gelbe Kreuz ist schon in den rauen Stoff eingewebt. Er sitzt da und näht, die Nadel sticht durch den Saum, und der Faden wickelt sich gleichmäßig von einer Spule. Doch plötzlich beginnt die Fahne, die er auf dem Schoß hat, zu flattern. Ein starker Wind weht durch den Raum, und die Fahne schlägt gegen seine Knie.

Er träumt, dass Elly und er eine nächtliche Straße entlanglaufen und eine riesige Ratte jagen, die vor ihnen herwuselt. Das Tier ist so groß wie ein Schäferhund. Sein braunes Fell ist von Schimmel gefleckt, und der graue Schwanz schlägt wie ein Drahtseil gegen die Pflastersteine. Elly und er rennen hinter der Ratte her. Auf einmal sieht er, dass Elly auch eine Ratte ist, mit kleinen, schwarzbraunen Augen.

Jäh wacht er auf und lässt die Bilder aus dem Traum noch einmal Revue passieren. Für ihn sind es nur Bilder, zweidimensional, mehr nicht. Er öffnet das Auge, in der leeren Augenhöhle unter dem Verband zuckt die Haut, und er erblickt das Porträt der königlichen Familie an der Wand gegenüber.

Schließlich bricht der Morgen an. Das graue Licht wächst. Leise Geräusche aus dem Korridor dringen in das Zimmer. Schritte, Stimmen, die vor der Tür erklingen und sich dann entfernen.

Oskar liegt jetzt seit zwei Monaten und zehn Tagen im Krankenhaus. Draußen geht der Sommer seinem Ende zu, und die Sprengmeister haben gerade mit dem dritten und letzten Eisenbahntunnel begonnen.

Am darauffolgenden Tag erwartet ihn eine Abwechslung. Heute wird er Besuch empfangen dürfen, ohne dass er davon weiß. Elly wird kommen. Norström wird kommen. Und durch ihre Worte wird Oskar langsam verstehen, was eigentlich vorgefallen ist. Dann wird er zu grübeln beginnen, und seine Bilder und Träume werden sich verändern.

Es ist Nachmittag, und Norström kommt als Erster. Er betritt das Zimmer. Für den Besuch hat er die Arbeitskleidung abgelegt und sitzt jetzt in einem zu engen schwarzen Anzug vor Oskar. Der Kragen zwängt den Hals ein, und Norström wirkt ängstlich, sein Gesicht ist verschwitzt. Er versucht, seine Lippen mit Speichel zu befeuchten, und zieht einen Stuhl heran, auf dem er unbeholfen Platz nimmt. Dann sitzt er da und schaut Oskar an.

»Na, Johansson, du hast es geschafft. Das ist verdammt noch mal nicht schlecht. Wir haben gedacht, das packst du nie. Was anderes konnte man ja nicht glauben. Du warst schließlich nur einen halben Meter von dem Knall entfernt. Fast wäre der ganze Felsen eingestürzt.«

Er wischt sich die Lippen ab und versucht, die Mischung

von Abscheu und Unbehagen zu verbergen, die er beim Anblick von Oskar empfindet, wie der da in seinen Verbänden und Decken liegt.

»Es muss verdammt wehgetan haben, denke ich mir. Sah jedenfalls schlimm aus.«

Oskar schaut mit seinem einen Auge in Richtung der Stimme. Er erkennt Norström, versteht aber nicht, was er hört, und kann es in keinen Zusammenhang einordnen.

»Ich will nicht lange bleiben. Sie haben gesagt, dass du noch einen Besuch erwartest.«

Norström versucht, sich vom Stuhl hochzustemmen. Er ist unsicher und will schon nach diesen wenigen Minuten nichts als weg von hier. Sein Mund ist trocken, und die Lippen bewegen sich immer schneller. Er versucht, an den Zähnen zu saugen, um den Speichelfluss anzuregen.

»Wir werden jetzt wohl öfter kommen, die Männer oder ich. Bisher durften wir ja nicht.«

Stille. Oskar versucht zu lächeln, aber es zieht unter dem Verband.

»Ja, dann geh ich mal.«

Norström steht auf, überlegt, ob er den Stuhl zurückschieben soll, lässt ihn aber stehen.

»Also, mach's gut. Und werde bald gesund.«

Norström geht zur Tür, dreht sich um und schaut Oskar noch einmal an. Dann verlässt er das Zimmer und zieht die Tür vorsichtig zu.

Oskar ist unruhig. Die Erinnerung an etwas Unbekanntes beginnt, sich in seinem Bewusstsein zu regen. Aber noch weiß er nicht, was es ist.

Elly.

Sie sitzt auf der Bettkante und starrt ihn an.

War es wirklich so schlimm?

Wie weh mag es tun?

Ist noch etwas von dem Auge übrig?

Oskar.

Sie sitzt auf der Bettkante. Das Kleid kenne ich.

Ich erinnere mich nicht.

Ich habe mich daran gewöhnt.

Es ist wohl nichts davon übrig.

Elly. Erzähl, was geschehen ist.

»Ich habe am Montag in der Zeitung gelesen, du seist tot. Die Zeitung war vom Flurtisch gerutscht. Ich wollte sie nur wieder hinlegen, auf dem Weg zur Küche, um meinen Morgenkaffee zu trinken.«

Jetzt weint sie. Die Trauer überkommt sie heftig, und sie beugt sich zu Oskar hinunter, der, die Decke bis zum Kinn hochgezogen, in seinem Bett liegt.

»Es war so schrecklich. Ich dachte, ich falle in Ohnmacht, und musste mich auf den Boden setzen. In Galoschen saß ich da und hab am ganzen Körper gezittert. Mein Herz hat immer schneller geschlagen, und ich dachte, ich würde sterben. Dann bin ich direkt zur Hausherrin gegangen und habe gesagt, mein Mann sei bei einem Unfall ums Leben gekommen und ich könne nicht arbeiten. Genau das habe ich gesagt. Mein Mann ist tot, und die Frau, die auf dem kleinen Sofa saß und frühstückte, war verärgert, weil ich nicht angeklopft hatte.«

»Elly ist, so viel ich weiß, nicht verheiratet. Geh jetzt zurück ins Kinderzimmer. Die Kinder dürfen nicht allein sein. Geh schon.«

»Aber mein Mann ist tot. Sie schreiben es in der Zeitung.«

Elly steht mit der Zeitung in der Hand da. Dann geht sie die wenigen Schritte bis zum Sofa, wo die Hausherrin mit ihrem Tee sitzt, und hält die Zeitung hoch, mit beiden Händen.

»Da steht es.«

Und die Hausherrin nimmt die Zeitung und liest die Meldung.

»Elly heißt doch nicht Johansson. Elly heißt Lundgren. Wenn Johansson ein guter Freund von Elly ist, verstehe ich ihr Bedauern. Aber geh jetzt zurück ins Kinderzimmer. Die Kinder brauchen Gesellschaft. Nachmittags solltest du mit ihnen spazieren gehen. Das tut ihnen gut. Es ist warm draußen. Los jetzt. Und lass die Zeitung da.«

Die Hausherrin widmet sich wieder ihrem Frühstück, und Elly verlässt das Zimmer.

»Mach die Tür zu, Elly.«

Elly schließt die Tür. Anschließend läuft sie in ihrem Zimmer auf und ab und legt sich dann auf das Bett. Sie rollt sich zusammen wie ein Fötus und spannt alle Muskeln an. Sie wiegt sich selbst.

Aber der Unfall, Elly?

Was meinst du damit?

Ich weiß ja nichts darüber.

Elly sitzt auf der Bettkante. Sie trägt ihr weißes Kleid.

»Es gab eine Explosion, hat man mir gesagt. Sie haben dich auf einem Karren durch die Stadt gezogen. Niemand glaubte, dass du überlebt hättest. Niemand glaubte, dass du am Leben bleiben würdest. In der Zeitung stand, du bist tot.«

Und plötzlich stehst du da, Oskar. An einem Nachmittag im Juni stehst du an der Felswand und ziehst an einem Zündkabel, das sich in ein Bohrloch schlängelt. Aber dann? Das Auge wandert von Ellys Gesicht zur königlichen Familie an der Wand. Und dann siehst du dich selbst. Du siehst dich an der Steinwand, und plötzlich explodiert der ganze Fels und du wirst nach hinten geschleudert, und übrig bleibt ein verstümmelter Körper im Kies.

Elly legt ihre Hand auf die Decke. Die Hand ist leicht, du spürst sie kaum.
»War es so? Ist es so passiert?«
»Ja.«
»Es war ein Unfall?«
»Ja.«

»Deshalb liege ich hier. Ich habe eine verunglückte Sprengung überlebt. Eine Sprengung, die mich getäuscht hat. Eine Ladung Dynamit, die mit irrsinniger Kraft aus dem Fels austrat und mich in Stücke riss.«

Elly.
»Ich bin so froh, dass du lebst, Oskar.«
Ellys Besuche.
Erst jeden Tag. Dann jeden dritten. Dann einmal in der Woche. Dann ein letztes Mal.

Elly in dem weißen Kleid. Sie steht an deinem Bett. Sie schaut auf ihre Hände, die sie gefaltet hat.

»Was ist denn, Elly?«

»Ich habe jemand anders kennengelernt. Wir werden aus der Stadt wegziehen.«

Und du siehst, dass ihr Bauch etwas gerundet ist. Aber was denkst du? Was empfindest du?

»Ich erinnere mich nicht. Es war schwer. Es kam unerwartet. Sie war ja in der Woche zuvor bei mir gewesen, und da hatte sie nichts gesagt. Sie war auch nicht anders als sonst gewesen. Aber es ist ja verständlich. Ich sah bestimmt schrecklich aus. So wie die Zeiten damals waren, brauchte man ja Kraft und gesunde Männer. Sie hatte auch einen guten Mann gefunden. Als sie vor ein paar Jahren starb, las ich in der Todesanzeige, dass sie viele Kinder und Enkel hatte. Eines davon heißt Oskar, wenn ich mich recht erinnere.«

Oskar Johannes Johansson

Oskar sitzt auf dem Stuhl, und sein Zeigefinger trommelt. Es ist Abend, in der Sauna ist es bereits dämmrig, nur die Petroleumlampe leuchtet. Wir werden heute keine Netze auslegen. Dafür ist es zu spät. Viele Abende sitzen wir nur da und warten darauf, dass es aufhört zu regnen. Regnet es die ganze Nacht, bleibt Oskar am Tisch. Bei solchem Wetter schläft er nie.

»Ich habe Schwierigkeiten mit dem Einschlafen.«

August. Die Schären werden langsam von den Feriengästen verlassen. Es kommen weniger Boote an den Inseln vorbei. Jetzt sind nur noch jene Leute da, die das ganze Jahr über hier wohnen. Heute Morgen, als wir die Netze einholten, sahen wir ein einsames Segelboot, das aufs Meer hinaus verschwand.

Elly geht. Sie ist froh darüber, dass Oskar überlebt hat, und sie verspricht, ihm zu schreiben. Sie streicht leicht über die Decke. Dann geht sie.

Und Oskar liegt in seinem Bett und will es nicht begreifen. Er kann nicht verhindern, dass es wieder aus seinen Wunden zu sickern beginnt. Und die leere Augenhöhle reagiert.

Die anderen Besucher.
Der Pfarrer.
Norström.
Die übrigen Sprenger.

Und die Eltern? Die Geschwister?

Im dritten Sommer erzählt er.

»Ich habe mich mit meinem Vater zerstritten. Er war so um die fünfzig, und er war erschöpft und verbraucht. Er arbeitete als Latrinenleerer, das war schwer. Sie kümmerten sich zu dritt um eine Menge Häuser. Rund um die Uhr mussten sie schuften. Manchmal sagte er, ihm ginge es schlechter als allen anderen. Er sei ein Scheißmann, das ganze Jahr über. Er hatte ja nie frei, und den Geruch wurde er niemals los. Ich kann mich nicht erinnern, dass er je gelacht hätte. Er konnte lächeln, aber auch dabei sah er traurig aus. Doch wir zerstritten uns, es war wegen des Agitators. Es gab eine Versammlung in einem Haus in der Nähe, und ich wollte da hin. Es war nicht dieser Palm, sondern ein nicht so bekannter. Er war Auktionator und Agitator, kam aus Blekinge und hatte einen lustigen Dialekt. Aber er konnte gut reden, und wir hatten alle eine Wut im Bauch, als die Versammlung zu Ende war. Ich kaufte ihm für fünfzig Öre eine Zeitung ab, und als ich nach Hause kam und sie auf den Küchentisch legte und mein Vater sie sah, wurde er zornig. Er riss sie an sich und blickte auf ein Bild des Königs. Dann entdeckte er die Zeichnung darunter, die den König zeigte, wie er auf dem Kopf eines Hafenarbeiters stand. So etwas wolle er nicht in seinem Haus sehen, sagte er. Das würde nur noch mehr Elend bringen. Er starrte mich an und fragte, ob ich einer von denen wäre. Und ich antwortete mit Ja, vor allem, um ihn zu provozieren.«

»Wie sah er aus, dein Vater?«

»Schwer zu sagen. Meistens müde.«

Ein Frühlingstag 1910. Ein Gespräch.

»Kann man das nicht verbieten? Die Leute sind doch so leicht zu beeinflussen.«

»Das glaube ich nicht. Eine Weile wird es stürmisch, dann beruhigt sich die Lage schon wieder.«

»Wäre es nicht das Beste, das Ganze zu verbieten?«

»Natürlich. Aber das geht kaum anders als mit Drohungen. Der Besitzer des Hofs hat seine Genehmigung gegeben.«

»Wer ist das?«

»Ich erinnere mich nicht an den Namen. Aber er ist Brauer.«

»Kvist?«

»Genau.«

»Was glauben die Arbeiter eigentlich, was sie damit erreichen können? Verstehen sie überhaupt, was sie da fordern?«

»Einige vielleicht. Aber sie sprechen ja eine Sprache, in der eins und eins ohne Mätzchen zwei wird.«

»Wie lautet das Thema?«

»Sing hei und ho für die Revolution …«

Gelächter. Ausgedehnt, gleichgültig.

»Die Partei wächst.«

»Natürlich. Aber das macht nichts.«

»Nein. Natürlich nicht. Wir haben ja die Macht auf unserer Seite.«

»Sozusagen, ja.«

»Was meinst du, wird es zu Zusammenstößen kommen?«

»Bestimmt. Irgendwann.«

Das Gespräch verebbt. Die gewichtigen Herren erheben sich, geben einander die Hand und gehen jeder in seine Richtung. Langsamen Schrittes, die Augen auf den Boden gerichtet.

»Wir waren wohl zehn Erwachsene und vielleicht fünfzehn Kinder, es war also nicht gerade eine Massenversammlung. Der Redner aus Blekinge wollte in verschiedenen Höfen auftreten, aber es blieb bei dieser einen Veranstaltung. Er stand auf einer Tonne, und wir hatten uns ein Stück entfernt versammelt. Die kleinen Kinder liefen herum, aber das störte ihn nicht. Wir fanden es erstaunlich, dass er so lange ohne Manuskript sprechen konnte. Er hatte eine gute Stimme und schrie nicht, wie einige andere. Und wir verstanden ganz gut, was er sagte. Er bekam Applaus, und ich und ein paar andere kauften seine Zeitung. Das Geld würde für weitere Veröffentlichungen verwendet, versprach er. Dann ging er herum und fragte uns nach unserer Arbeit, ob wir in der Partei wären und wie viel Lohn wir bekämen. Viele meinten, es gehe ihnen verdammt schlecht, und er stimmte ihnen zu. Bestimmt war er sehr intelligent, und wir fühlten uns wichtig und stark. Ich habe die Zeitung viele Jahre lang aufbewahrt.

Aber es gab Streit mit dem Vater. Er sagte, ich dürfte nicht mehr zu Hause wohnen, wenn ich Sozialist würde.«

»Wo war deine Mutter? Saß sie auch in der Küche und hörte zu? Hat sie etwas gesagt? Und die Geschwister?«

Oskar ist braun gebrannt. Die zusammengewachsenen Augenlider über der linken Augenhöhle leuchten hellbraun.

Oskar Johannes Johansson. Oskar wie der König. Johannes wie der Großvater. Oskar hat ihn nicht gekannt. Er starb 1886 im Alter von dreiundneunzig Jahren.

»Wäre man ein bisschen früher geboren worden, hätte man noch jemand treffen können, der im 18. Jahrhundert auf die Welt kam. Großvater stammte aus einem kleinen Ort oben am See Boren. Er hatte am Göta-Kanal mitgearbeitet, danach wurde er Arbeiter an einer der Schleusen. Das blieb er für den Rest seines Lebens. Großmutter und er hatten sechs Kinder, aber nur mein Vater hat überlebt. Irgendwann in den dreißiger Jahren war ich einmal dort. Die Schleuse ist noch da und hat sich wohl nicht verändert. Wir sind mal im Sommer hingeradelt, mein Junge und ich. Wir blieben einen ganzen Tag dort und schauten bei den Schleusungen zu. Vier Holzfrachtschiffe, ein Ziegelfrachtschiff, das aus Lidköping kam, und das Passagierboot passierten den Kanal. Hätten wir Geld gehabt, wären wir wohl mit dem Passagierboot zurück nach Söderköping gefahren und dann von dort aus heimgeradelt. Doch das war zu teuer. Ich hatte ja damals keine Arbeit. Aber es war interessant zuzuschauen.

Wir waren auch oben auf dem Friedhof und haben den Grabstein gesucht. Johannes Johansson steht da und darunter Brita Johansson. Sie ist fast zehn Jahre vor ihm gestorben. Auf dem Stein gab es keine Bilder von ihnen, also weiß ich gar nicht, wie sie aussahen.

Vater ging nach Norrköping, er wollte wie so viele andere in die Stadt, wo die Fabriken entstanden. Aber er wurde Latrinenleerer. Sein Leben lang hatte er keine andere Arbeit. Doch er tat einfach, was er musste. Es war nichts Besonderes an ihm, und er glaubte nicht, dass er etwas Besseres kriegen könnte. Vermutlich war er verbittert. Sein ganzes Leben lang musste er pausenlos schuften. Dabei hat er wohl viel Zeit zum Nachdenken gehabt. Er starb 1936. Auch er wurde alt.«

Oskar Johannes Johansson war sein ganzes Leben lang Arbeiter. Wie sein Vater. Wie sein Großvater. Sie waren Kanalbauer, Schleusenwärter, Latrinenarbeiter und Sprengmeister. Johannes, der Vater und Oskar.

Oskars Sohn besitzt eine Wäscherei in der Stadt. Er ist selbständiger Unternehmer. Im Telefonbuch wird er als Direktor geführt.

Es war eine Holzhütte, grau und undicht wie die anderen, die sich alle aneinanderklammerten. Hinter den Häusern lag eine lange Reihe von gleichartigen Höfen, mit je einem Schuppen, der teils als Plumpsklo diente, teils zur Holzaufbewahrung. Die Schuppen waren mit einer hohen Holzplanke verbunden, die weit hinausreichte bis zum Rand eines dreißig Meter tiefen Abhangs. Da unten fuhr die Eisenbahn in die Stadt und zurück.

Axel Johansson wohnte mit seiner Familie im ersten Stock eines der grauen Holzhäuser. Eine Küche, ein Zimmer. Die Wohnung hatte zwei Fenster, und beide gingen auf den Hof hinaus. Im Zimmer stand das Bett der Eltern, die Kinder wohnten in der Küche. Oskar schlief in einem kleinen Holzbett, das tagsüber ins Treppenhaus gestellt wurde. Karl lag auf der Küchenbank unter dem Fenster, und Anna benutzte die andere Holzbank, die vor dem Esstisch stand. In der Küche war es so eng, dass kaum mehr als zwei Menschen gleichzeitig Platz hatten. Abends, wenn alle zu Hause waren, saßen die einen in der Küche und die anderen auf dem Bett

im Zimmer. Dann konnte man sich von Raum zu Raum unterhalten. Es war eine kalte und zugige Wohnung. Im Winter stieg die Temperatur nicht über zwölf Grad, wie sehr man
auch den Herd heizte.

Die Informationen, die Oskar darüber gewährt, sind karg und
dürftig. Der Erzähler muss die Fragmente zu einem schmutz-
grauen Ganzen zusammenfügen. Auskünfte gibt Oskar lediglich als Zugabe, wenn er über andere Dinge spricht.

»Sie war wie alle anderen Arbeiterwohnungen. Weder besser noch schlechter. Wir waren ja ungewöhnlich wenig Kinder, also hatten wir mehr Platz als viele andere. Außerdem
kannte man es ja nicht anders. Und es hätte ja auch keine andere Möglichkeit gegeben. Auf der einen Seite standen die
Hütten, in denen wir Arbeiter uns drängten und froren. Auf
der anderen Seite waren die großen hellen Wohnungen in
den Steinhäusern im Zentrum. Da gab es die Villen mit ihren Gärten. Aber sie waren einem so fremd, dass ich vor dem
Unfall kaum daran dachte, wenn ich überhaupt zu grübeln
begann.

Ich erinnere mich, dass wir einmal nachts elf Personen
in unserer Wohnung waren. In der Stadt hatte es irgendwo
gebrannt, und alle mussten in der ersten Nacht aushelfen.
Unbegreiflich, wie zwei Erwachsene und neun Kinder dort
schlafen konnten, auch wenn es nur für eine Nacht war. Sie
lagen da und weinten. Sie hatten ja alles verloren, und es
war schwer, eine neue Bleibe zu finden. Die Holzhäuser waren überfüllt, und es gab ja nichts anderes. Aber ich erinnere
mich nur schwach an diese Nacht, ich war noch recht klein
damals.«

So wohnte Oskar.

So wohnte Elly.

Ihre Schwester.

Die Sprengmeister.

All die anderen.

Aber die Arbeiterparteien wuchsen. Das Stimmrecht, die Wohnungen, die Arbeitszeiten, die Löhne: In den Nervenbahnen des Gesellschaftskörpers hatte es zu zucken begonnen.

Ein Gegenstand aus der Wohnung, aus Oskars Kindheit, tritt deutlicher hervor als alles andere.

Es ist ein heller Stein, den Johannes Johansson irgendwann in den Jahren gefunden hatte, in denen er am Bau des Kanals gearbeitet hatte. Ein Stück Granit, das vollkommen rund ist. Von der einen Seite verläuft ein roter Riss über den Stein und bildet ein Kreuz. Der Stein findet in einer Hand Platz. Ihn hat Axel Johansson mitgenommen, als er in die Stadt zog. Nach seinem Tod erbte Oskar ihn. Jetzt liegt er neben dem Transistor auf dem grünen Wachstuch.

»Glaub nicht, dass ich ihn auf meinem Grab haben will. Aber ich finde ihn schön.«

Ich halte den Stein in der Hand und versuche, seine Bedeutung zu erfassen. Er ist eine Erinnerung. Zunächst lag er in der Tasche oder in einem Bündel von Oskars Vater, als dieser auf Kieswegen in die Stadt wanderte. Anschließend wurde er ein ganzes Leben lang in einem Sekretär aufbewahrt. Jetzt liegt er in Oskars Sauna. Auf der Rückseite ist ein Splitter abgesprungen.

»Er hat schon immer gefehlt. Als wir klein waren, fragten wir irgendwann, wie das passiert ist. Aber der Splitter hat schon immer gefehlt.«

Der Stein ist wie eine Glaskugel. Halte ihn in der Hand, senke den Blick auf den weißgrauen Granit und das rote Kreuz.

Im Sommer nach Oskars Tod rollen wir das Haus auf Baumstämmen weg. Wir sind zu fünft. Gemeinsam wuchten wir die Sauna auf eine Kuhfähre und ziehen sie dann auf die andere Seite der Insel, wo sie fortan stehen soll. Einen ganzen Tag lang schuften wir, dann steht die Sauna an ihrem neuen Platz unter einer Gruppe von hohen Eichen, oben auf einem Felsen. Es ist ein warmer Tag im Juni, und wir sind erst spät abends fertig.

Gegen fünf Uhr morgens gehe ich am Strand entlang, umrunde die steilen Klippen und erreiche Oskars Landzunge. Der Nebel dampft, und die Stiefel versinken tief im Boden.

Die vier Ecksteine. Zwischen ihnen ist das Gras gelb und verwelkt. Hier liegen eine rostige Ofenluke, ein schwarzes Kaminrohr mit großen Löchern, Glasscherben, einige Branntweinbehälter und eine rostige Dose, die Oskar für Würmer benutzt hat. Als ich sie umdrehe, fallen graue, poröse Moosstreifen heraus. Unten in der Dose liegt ein steifer Wurm. Er sieht fast aus wie ein Riss im Boden. In der Kellergrube steht eine leere Bierflasche.

Ich nehme die graue Leine mit den Wäscheklammern herunter. Es ist ein schöner Sommer. Bald wird das Gras sehr hoch stehen. Büsche werden über die Ofenluke und das Kaminrohr klettern.

Schließlich setze ich mich in das grüne flache Ruderboot aus Hartfaserplatten und verlasse die Landzunge.

Ende der fünfziger Jahre ist ein Postkartenfotograf in den Schären herumgefahren. Er umrundete die Inseln im Oktober, weshalb die Kartenmotive kalt und abweisend wirken. Zudem sind sie alle schwarz-weiß. Sie haben sich schlecht verkauft. Ein paar Jahre später kamen die farbigen Karten auf den Markt, und die anderen wurden zu Ladenhütern.

Es gibt auch eine Karte von dieser Insel. Die Sauna zeichnet sich zwischen den kahlen Ästen der Bäume ab. Der Fotograf muss ungefähr dreißig Meter vom Strand entfernt gestanden haben, als er das Bild aufnahm.

Wenn ich die Karte anschaue, meine ich zu ahnen, dass Oskars Tür einen Spalt breit offen steht.

»Ich erinnere mich an meine erste Begegnung mit Norström. Da war er noch nicht so dick. Als ich mittags ankam, sprengten sie für die Landstraße gerade Hindernisse aus dem Weg.«

»Wenn du Sprengmeister werden willst, musst du zupacken können, Bursche.«

»Das kann ich bestimmt.«

»Gut. Mein Name ist Norström.«

Oskar Johannes Johansson. Handlanger, Sprengmeister und noch einmal Sprengmeister. Verheiratet mit Ellys Schwester. Ein Sohn, zwei Töchter.

Oskar spielt im Lotto. Er hat eine feste Bestellung bei seinem Kiosk auf dem Festland. Einmal im Monat bekommt er ein Los mit dem Postboot, und fast jeden Monat gewinnt er. Fünfzig oder fünfundzwanzig Kronen, jedoch nie mehr. Am Tag darauf wird der Gewinn mit dem Postboot gebracht. Es fährt um halb sieben vorbei. Dann steht Oskar da und winkt. Er kann sich auf eine Flasche Branntwein freuen.

Das Postboot legt am Abend an, wenn das Tagewerk getan ist. Der Bote geht hinauf zur Sauna.

An diesem Abend bringen wir keine Netze aus.

»Vor dem Schnaps wurden wir ja zu Hause gewarnt. Vater trank nie. Später waren die, die uns den Sozialismus lehrten, auch dagegen. Vor meinem vierzigsten Geburtstag habe ich wohl keinen Tropfen Schnaps getrunken.«

Sie sitzen in der Sauna, der Postbote und Oskar. Zwei Trinkgläser und Limonade. Der Bote, der auf einer Insel in der Nähe wohnt, legt die Dienstmütze ab.

Manchmal, wenn Oskar ihm morgens zugewunken hat, verbringen sie zusammen einen Abend in der Sauna.

Worüber sprechen sie?

Über Post. Briefe. Merkwürdige Sendungen.

Über die Fischerei.

Oder sie sitzen still da.

Wenn die Flasche leer ist, fährt der Postbote nach Hause.

»Es ist wirklich beschissen, dass man auch morgens eine Runde drehen muss. Manchmal bedeutet das drei Stunden Arbeit für eine Postkarte.«

»So, so.«

»Und was für einen Dreck die Leute schreiben. Meistens lese ich die Karten.«

»Sapperlot.«

Oskars Ausdrücke: wiederkehrend und geprägt vom Dialekt.

»Sapperlot.«

»Teufel auch.«

»So, so.«

»Wenn man leben und bei Gesundheit bleiben darf.«

»Sapperlot.«

»In diesem Sommer habe ich drei Kisten mit Igeln gehabt. Die Sommergäste scheinen nichts zu begreifen. Sie kapieren einfach nicht, dass die Igel den Winter hier draußen kaum überstehen. Wenn die Leute dann im nächsten Jahr zurückkommen, glauben sie, es würde vor Igeln wimmeln. Aber das tut es natürlich nicht …«

Später sprechen sie über den Wespensommer. Die Hornissen im Bootshaus, groß wie ein Daumen. Jetzt, im Herbst, sind sie giftig.

Und im Frühjahr am giftigsten?

Das ändert sich wohl von Fall zu Fall wie alles andere.

Der Postbote spricht. Oskar antwortet.

»Sapperlot.«

»So, so.«

Die Hechtpest.

»Sie hat sich jetzt auch beim Dorsch ausgebreitet. Man darf die Viecher nicht wieder zurückwerfen, sie müssen begraben werden. Aber soll man verdammt noch mal jeden Tag dastehen und Fische begraben? Das kommt wohl von all diesem Zeugs im Wasser. An einem Morgen hätte ich fast eine Kommode gerammt, die in der Fahrrinne lag. Das ist doch der Wahnsinn.«

Oskar macht der Branntwein müde. Wenn er getrunken hat, schläft er lange. Der Postbote hilft ihm ins Bett. Dann geht er hinunter zum Boot, das die ganze Zeit mit laufendem, monoton pochendem Heizölmotor dagelegen hat.

Als Oskar morgens erwacht, geht er hinaus ins Freie und legt sich unter einer Eiche auf den Boden. Sein Schnarchen rollt über die Bucht. Rote Ameisen krabbeln über ihn hinweg. Manchmal schläft er bis zwölf Uhr.

Plötzlich hält Oskar die Ruder und den Atem an. Dann sagt er, während er mit dem linken Ruder neben uns deutet: »Was ist das?«

Ich drehe den Kopf und schaue hin. Vor mir zappeln die Flundern leicht auf dem Hellegatt. Aber ich sehe auch etwas Weißes, das in zehn Metern Entfernung dahintreibt.

»Sollen wir uns das ansehen?«

Oskar rudert hin, und ich beuge mich aus dem Boot und greife nach dem Weißen.

Auf dem Nachhauseweg liegen drei durchweichte Logbücher im Boot. Als wir sie näher betrachten, stellen wir fest, dass sie von einem deutschen Boot stammen. Der M/S Matilda aus Bremen.

»Wahrscheinlich war der Kapitän besoffen und hatte die Nase voll.«

Ich sitze da und versuche, die Sätze und Zahlen in den Büchern zu entziffern. Die Blätter kleben aneinander, und es ist schwer, die Seiten zu trennen. Zahlen, Positionen, Ladungen, Häfen. Ich lese es Oskar vor. Die Tür steht offen, und die Mücken tanzen im Zimmer herum. Oskar hebt den Kopf und schaut ihnen zu.

»Mich stören sie nicht. Ein bisschen Blut können sie schon kriegen.«

Alle vierzehn Tage verbrennen wir an einem ruhigen Abend den Müll. Die Logbücher liegen zusammen mit Plastiktüten, Essensresten und Zeitungen im Feuer. Das Plastik verströmt einen beißenden Gestank, und Oskar schlägt mit seinem Stock nach dem Rauch.

»Den habe ich mir vor zehn Jahren zugelegt. Die Verletzungen im Bauch taten mir auf einmal wieder weh, und es wurde leichter, wenn ich etwas vorgebeugt ging. Da half mir der Stock.«

Er ist hellbraun mit einer Hülse aus Gummi über der Spitze.

»Das ist mein Sommerstock. Zu Hause in der Stadt habe ich noch einen. Der ist schwarz.«

66

Nun ist Oskar tot. Damals habe ich in dem Stock nur einen gelben Stecken mit einer schwarzen Gummihülse über der Spitze und einem etwas abgenutzten Griff gesehen.

Jetzt erinnere ich mich an das Wort Sommerstock.

Sommerstock. An die blau gekleideten Knie gelehnt. Sommerstock.

Winterstock?

Oskar will keinen Eisenhaken an Stelle der weggesprengten Hand. Und er will auch nicht, dass man ihm ein Emaille-Auge in die leere Augenhöhle setzt. Er möchte einen Armstumpf und zusammengenähte Lider.

Als er das Krankenhaus verlässt, ist er mager und bleich. Er geht langsam, schaut auf den Boden, prüft jeden Schritt und setzt vorsichtig Fuß vor Fuß. Die Blicke der Vorübergehenden bemerkt er nicht. Auch nicht ihre Grimassen angesichts seines verunstalteten Gesichts und wegen des Armstumpfs, der aus seinem Jackenärmel hervorragt.

Oskar verlässt das Krankenhaus im Januar. Draußen ist es sehr kalt, und der harte Schnee knirscht unter seinen Füßen. Dampfwolken steigen ihm aus dem Mund, und die Ohrläppchen brennen. Oskar kehrt dem Krankenhaus den Rücken.

Die Patience geht nicht auf. Oskar mischt die Karten neu, um von vorn zu beginnen.

Was ist in der Zwischenzeit alles geschehen?

Jahreszeiten, Ereignisse, von 1910 bis 1965 und bis 1969. Eine sich beständig verändernde Wirklichkeit, ein sich beständig verändernder Oskar. Sein ganzes weiteres Leben war er ein behinderter Arbeiter. Es erging ihm wie anderen. Ein Auf und Ab zwischen Arbeit und Arbeitslosigkeit. Doch schließlich verdient er mehr Geld. Er wohnt besser. Die Gesellschaft verändert sich, Oskar verändert sich. Dabei spricht er nie von einer Entwicklung. Er redet von Veränderung, und der Erzähler glaubt, dass er es genau so meint. Oskar ist ein Arbeiter, er gehört einer Gruppe an, die für ihn klar definiert und klar abgegrenzt ist. Da gibt es wieder diese Schlüsselsätze. Unaufhörlich tauchen sie an der Oberfläche auf. Schlüsselsätze, die immer wiederkehren, bringen Oskars Leben in eine andere Ordnung als Jahreszahlen. Ebenso wie gewisse Veränderungen, nicht die heftigen, sondern die allmählich stattfindenden. Ein ums andere Mal. Das belegen bestimmte Worte. Die Spiele, die stets dieselben waren. Arbeiter ist man immer geblieben. Alles hat sich verändert, aber nicht für uns. Oskar stellt keine Betrachtungen über sich selbst an. Er betont nur immer wieder, es sei nichts Besonderes an ihm gewesen, aber er sagt nie, was er denn für besonders hielte. Er erklärt, er sei wie die anderen gewesen. Mehr nicht. Ein Sprengmeister mit Familie. Wichtig für seine Familie, aber nicht für jemand oder etwas anderes. Er hat nicht das Gefühl, er hätte an den Veränderungen teilgehabt. Sie sind geschehen, und haben das Leben beeinflusst. Aber er hat sie nicht selbst mitgestaltet. Der Arbeiter ist ein Bürger des Staates, aber es sind andere Kräfte, die diesen vorantreiben und verändern. Das ist der Kern von Oskars Rede über seine Unscheinbarkeit.

In diesem Punkt sind wir uns nicht einig.

Magnus Nilsson

Magnus Nilsson war Oskars Kumpel, und ein Jahr vor dem Unfall zog Oskar bei ihm ein. Seine Wohnung glich Oskars früherem Zuhause aufs Haar. Wo sich Platz fand, wurden solche Holzhäuser nach demselben Muster errichtet, wann immer die Fabriken expandierten. Zunächst lagen sie an den Rändern der Stadt, aber dann fraßen sie sich immer weiter in den Stadtkern hinein, während die Stadt ringsherum wuchs. Magnus Nilsson wohnte in einem anderen Stadtteil, und in den zog Oskar, als er nicht mehr zu Hause wohnen durfte, weil er Sozialist geworden war. Oskar und Magnus arbeiteten in derselben Sprengmannschaft, und Magnus war einer jener Männer, die später dastanden und auf die Hand starrten, die im Löwenzahn lag.

Sein ganzes Leben lang lebte Magnus in dieser Wohnung. Nach dem Tod der Eltern wohnten die Kinder dort, bis sie nach und nach auszogen und nur Magnus zurückblieb. Er heiratete nie, und jetzt, mit fünfundvierzig Jahren, war er allmählich erschöpft.

Oskars Freund war ein wortkarger Mann, klein und ziemlich dick, mit groben, kantigen Gesichtszügen. Die braunen Augen lagen tief unter den hängenden Lidern, und sein schwarzes Haar stand ihm struppig vom Kopf ab. Magnus war ein tüchtiger Arbeiter und ein guter Kollege.

Die Idee kam von Magnus in einer Mittagspause. Oskar solle doch zu ihm ziehen und die Wohnung mit ihm teilen. Die Sprenger lagen dösend unter einer Gruppe Birken, die in einigem Abstand von ihrer Arbeitsstätte stand. Sie hatten

Sprengungen für eine Brücke vorzunehmen, die über die Eisenbahn führen sollte. Ohne es zu ahnen, befanden sie sich dabei genau an der Rückseite jenes Felsens, durch den im Jahr darauf ein Tunnel gesprengt werden würde.

Leise, wortkarge Gespräche. Sie liegen mit halb geschlossenen Augen auf dem Rücken im Gras. Einer fragt, ob jemand bei der Rede des Agitators gewesen sei.

»Ich. Er war gut.«

Oskar stützt sich auf die Ellbogen.

»Er hat erklärt, wie wichtig es ist, dass wir in die Partei eintreten. Als ich anschließend nach Hause gekommen bin, sagte mein Vater, ich muss ausziehen, wenn ich Sozialist werde.«

Magnus Nilsson liegt mit geschlossenen Augen da.

»Bist du Sozialist?«, fragt er.

»Ja.«

»Du kannst bei mir einziehen. Es gibt Platz genug. Die Küche kannst du ganz für dich haben.«

Es entspinnt sich ein Dialog zwischen Magnus Nilsson und Oskar Johansson. Die anderen dösen vor sich hin, als sie das Gespräch nicht mehr betrifft. Einer schläft ein und schnarcht leise.

»Meinst du das ernst?«

»Ja. Du kannst jederzeit einziehen.«

Am Abend verlassen Magnus und Oskar zusammen den Arbeitsplatz. Es trennen sie zweiundzwanzig Jahre, und es trennen sie dreißig Zentimeter.

Zwei Wochen später zieht Oskar bei Magnus ein. Er hat zwei Bündel dabei, in jeder Hand eines. Gegen neun Uhr abends trifft er ein. Magnus kocht Kaffee, und Oskar macht sich ein Bett auf der Küchenbank.

»Mit dem Schlüssel gibt es ja keine Probleme, da wir zusammen kommen und gehen.«

»Das ist nett von dir.«

»Hier ist doch genügend Platz.«

Als Oskar mit seinen Bündeln ging, war es still in der kleinen Wohnung. Der Vater war noch nicht zu Hause, und die Mutter existiert ja nicht in Oskars Erzählungen. Die Geschwister waren da. Die Geschwister waren nicht da. Die Mutter war da. Die Mutter war nicht da.

Dann sitzen sie am Küchentisch und tasten sich langsam aneinander heran. Jetzt werden sie zusammenwohnen. Mit praktischen Fragen streifen sie einander.

»Wir müssen einfach alles teilen. Der Rest ergibt sich von selbst.«

»Kannst du kochen?«

»Ich habe ja lange allein gelebt. Von mir aus kann ich auch in Zukunft kochen. Nichts Besonderes, ganz gewöhnliches Essen.«

»Wachst du von allein auf?«

»Aber ja.«

Oskar fragt wegen Elly.

»Ja. Das geht klar.«

»Nur hin und wieder. An einem Donnerstag.«

»Das ist in Ordnung. Mir macht es nichts aus.«

Oskar fragt andere Dinge, und Magnus antwortet. Bald kennen sie einander. Bald können sie sich unterhalten.

Oskar spricht mit großer Zärtlichkeit von Magnus. Dabei benutzt er häufig das Wort allein. Das Wort erschöpft.

»Es war natürlich sehr spannend, allein zu wohnen. Denn so war es ja für mich, obwohl wir zu zweit wohnten. Ich bemerkte Magnus gar nicht. Wenn wir von der Arbeit heimkamen, waren wir müde, und nachdem wir gegessen und das Geschirr gespült hatten, legten wir uns schlafen. Sonntags machte ich, was ich wollte, und wenn ich zurückkam, war Magnus immer zu Hause. Ich glaube, er blieb den ganzen Tag in seinem Zimmer und legte Puzzle. Oder er las Zeitung. Er war ja Sozialist. Manchmal kommentierte er etwas, was er gehört oder gelesen hatte, und dann sagte er zum Schluss immer, die Sozialisten würden das ändern.«

»Glaubst du das wirklich? Wie denn?«

»Indem sie eine Revolution anzetteln. So wird es sein. Das versteht sich von selbst.«

»Wann denn?«

»Bald. In zehn Jahren.«

»Wie kannst du da so sicher sein?«

»Das versteht sich doch von selbst.«

»Es fällt mir schwer, das zu glauben.«

»Das ist nicht schwer. Nun organisieren wir uns schon seit zwanzig Jahren. Und in dieser Zeit haben die Leute mehr und mehr begriffen, was der Sozialismus für sie bedeutet. Privat, sozusagen. Die Bürger sprechen von Mord, aber darum geht es ja nicht. Es geht darum, dass wir uns besser ernähren können, sich unsere Wohnsituation verändert und solche Dinge. Wir müssen beteiligt werden und das mitbesitzen, womit man Geld verdienen kann. So wie es jetzt ist, kann es nicht weitergehen. Das versteht sich von selbst.«

Das versteht sich von selbst.

Was antwortete Oskar? Verstand es sich von selbst, oder machte er sich Magnus' Gedanken zu eigen?

»Aber wie soll das gehen? Müssen wir kämpfen?«

»Das müssen wir! Freiwillig werden sie auf nichts verzichten. Ansonsten läuft da etwas falsch. Dann werden wir betrogen.«

»Kämpfen. Wie denn?«

»Mit Waffen.«

»Was für Waffen?«

»Das ergibt sich von selbst. Wir müssen die Leute für uns gewinnen, die Waffen haben.«

»Die Polizei?«

»Die auch. Einige von ihnen. Ausreichend viele.«

»Glaubst du das wirklich?«

»Denen wird es dann auch besser gehen.«

»Und das Militär?«

»Es sind ja die Arbeiter, die Militärdienst leisten.«

»Aber die Kommandanten? Die anderen. Die Leutnants?«

»Wie viele sind das?«

»Ja, schon klar … Aber wann soll es losgehen?«

»Sobald wir stark genug sind.«

»Und woher wissen wir das?«

»Das wissen wir. Das ergibt sich von selbst.«

Oskar liegt auf seiner Küchenbank.

Oskar liegt auf seinem alten Offiziersbett.

Er ist wach.

»Magnus habe ich immer gemocht. Man konnte sich auf ihn verlassen. Er war ein feiner Arbeiter … Ein feiner Kumpel.«

Das Gewerkschaftsverzeichnis gibt es noch. Da stehen sie. Johansson, Johansson, Karlsson, Lundgren, Larsson, Larsson, Marklund, Moqvist, Nilsson, Nilsson, Nilsson, Nilsson.

Es gibt zwei M. Nilsson. Einer von ihnen ist Magnus Nilsson.

Elvira, Ellys Schwester

Magnus Nilsson begegnet Elly mehrmals. Aber er ist auch dabei, als Oskar ihre Schwester heiratet. Oskar ist fröhlich und legt Elvira seinen Armstumpf um die Schultern.

Elly, Schwester.
  Elvira, Schwester.

»Wir haben uns bei einer Demonstration kennengelernt. Damals gingen viele demonstrieren, und das war ja auch kein Wunder. Schließlich war es eine der wenigen Gelegenheiten, um sich zu versammeln. Dabei war es dann Zufall, neben wem man ging. Man lachte miteinander und redete. Aber wenn die Versammlung zu Ende war, wollte man zurück in die Stadt. Das war nicht so merkwürdig, wie es vielleicht klingt.

Die junge Frau und ich kamen ins Gespräch, und ihr war es offenbar egal, wie ich aussah. Damals waren ja viele verstümmelt. Fast alle Arbeiter zogen sich früher oder später einen Schaden zu. Viele hatten die Englische Krankheit. Sie bekamen Hustenanfälle, wenn wir gemeinsam sangen, und manche mussten sich an die Seite des Zugs setzen, um sich zu erholen. Einige hinkten, manchen fehlte ein Arm. Ich erinnere mich, dass ein Mann viele Jahre lang eine der Fahnen mit nur einem Arm trug. Er war ungeheuer stark. Den anderen Arm hatte ihm eine Schneidemaschine abgerissen. Oben an der Schulter. Es gab auch viele Frauen, die einen Arm oder einige Finger verloren hatten. Das war schon fast normal.

Nach dem Zug tranken wir Kaffee. Ich fragte die junge Frau, ob ich sie einladen darf. Sie sagte, dass sie Elvira hieß, und nahm dankend an. Im Café erzählte sie, dass sie in der Textilfabrik arbeitete. Als Rohgarnzwirblerin. Sie wohnte noch zu Hause bei den Eltern. Es waren sieben Geschwister. Vielleicht hat sie erwähnt, dass eine Schwester Elly hieß, aber ich achtete nicht darauf. Wir sprachen über die Demonstration. Ich weiß noch, dass sie nur die erste Strophe konnte. Und sie könne so schlecht lesen. Da sah ich plötzlich, dass sie die Augen zusammenkniff, weil sie kurzsichtig war. Als ich fragte, warum sie keine Brille trug, antwortete sie, dann würde sie ihre Arbeit verlieren. Aber in der Freizeit?, fragte ich. Sie hatte wohl Angst, dass ein Vorarbeiter sie sehen könnte. Doch sie hatte eine Brille zu Hause. Die Sehschwäche war wohl angeboren.

Anschließend begleitete ich sie nach Hause. Wir beschlossen, uns in der kommenden Woche wieder zu treffen. Sie wohnte ziemlich weit draußen am Stadtrand, in einem der schlechtesten und ältesten Häuser. Ich war wohl recht froh darüber, dass ich sie kennengelernt hatte.

Nie hätte ich geglaubt, dass sie Ellys Schwester war. Das war ein merkwürdiger Zufall.«

Als Elvira starb, kam auch Elly zur Beerdigung. Sie und Oskar saßen im Krematorium nebeneinander. Oskars Kinder hatten dahinter Platz genommen. Von Ellys Tod, nur ein Jahr später, erfuhr Oskar aus der Zeitung. Sonst wäre er zur Beisetzung gefahren. Das weiß ich, ohne dass er es erwähnt.

Auf dem Tisch zeichnen sich klebrige Ringe von den Bierflaschen ab. Das Lokal ist gut besucht, und Oskar sitzt in einer Ecke und nickt einigen Leuten zu, die kommen und gehen. Es sind vor allem Männer an diesem Werktagsabend, mitten in der Woche.

Dann kommt Elvira, und viele werfen ihr Blicke zu, während sie in der Tür steht und nach Oskar Ausschau hält. Als sie zu ihm hingeht und sich an seinen Tisch setzt, lächeln einige, nicken Oskar zu und blinzeln.

Sie bestellen Kaffee. Dann rühren sie in ihren Tassen, denn diesmal ist es schwieriger, ins Gespräch zu kommen.

Elvira trägt ein weißes Kleid. Das hat sie von Elly bekommen.

»Das ist ein feines Kleid.«
　»Findest du?«
　»Weiß ist fein. Willst du noch Kaffee?«
　»Ja, danke. Danke, das reicht.«
　»Nimmst du Zucker?«
　»Nein. Nie.«
　»Ich aber. Immer.«
　»Ohne schmeckt er besser.«
　»Findest du?«
Sie sitzen in dem Café, und um sie her murmelt und klappert es. Stühle kratzen mit schneidendem Geräusch über den Holzboden. Tassen und Gläser klirren.

Dann kommt die Frage, und Oskar ist bereit.

»Ein Sprengunfall vor einem Jahr. In der Zeitung stand tatsächlich, ich sei tot. Aber ich hab's überlebt.«
　»Wie hat sich das angefühlt?«

»Ich erinnere mich nicht. Jeder fragt danach, aber ich erinnere mich an nichts. Alles wurde nur weiß, glaube ich. Wie dein Kleid.«

Elvira kichert und schlägt die Augen nieder. Oskar fragt, wie alt sie sei.

»Zweiundzwanzig Jahre.«

»Ich bin vierundzwanzig.«

»Ich dachte, du wärst älter.«

»Bin ich nicht.«

Das Geräusch der Löffel in den Tassen.

»Können wir uns am Sonntag treffen?«

»Ich muss auf die Geschwister aufpassen, wenn Mutter und Vater in die Kirche gehen.«

»Ich helfe dir.«

»Willst du das wirklich tun?«

»Ja. Ich besuche dich, wenn du willst.«

»Dann komm um elf.«

Danach gehen sie eine Weile durch die Stadt. Es ist der 7. Mai 1912.

Elvira serviert Kaffee. Oskar sitzt in seinem Sonntagsanzug am Küchentisch, die kleinen Geschwister toben um ihn herum. Elvira demonstriert Entschlossenheit und fordert, sie sollten sich nicht so an ihn klammern und ein bisschen still sein. Oskar sagt, das mache ihm nichts.

Sie plaudern, um zum Wichtigsten vorzudringen.

»Wann können wir uns wieder treffen?«

»An einem Abend.«

»Mittwoch?«

»Donnerstag ist besser.«

Und Oskar beginnt, Elvira an den Donnerstagabenden zu treffen.

Er erzählt Magnus von Elvira. Magnus lächelt und nickt.
»Wir kommen vielleicht für eine Weile hierher.«
»Tut das. Ich kann ausgehen.«
»Nein, das brauchst du nicht.«
»Ich mach das gern. Wenn es nur nicht zu spät wird.«
»Das wird es nicht.«

Und Elvira kommt. Diesmal sind sie noch schweigsamer. Sie sitzen am Küchentisch, und erst kurz bevor Elvira gehen muss, streckt Oskar seine Hand aus und ergreift die ihre. Linke Hand in linker Hand. Elvira ist darauf gefasst.

Durch einen Anruf beim Meteorologischen Institut kann man herausfinden, wie das Wetter damals war. Hat es geregnet, als Elvira nach Hause ging? Aus den Zeitungen von damals erfährt man, dass die Textilfabrik, in der Elvira arbeitete, zu jener Zeit einen hohen Umsatz und eine hohe Produktionsleistung verzeichnete.

Aber sie sitzen am Küchentisch. Linke Hand in linker Hand. Leere Kaffeetassen. Eine Fliege summt am Fenster. Magnus Nilsson streift durch die Straßen.

Oskar hat Schmerzen beim Pinkeln. Es spannt und zieht im Bauch. Diese Plage wird er behalten. Aber jetzt liegt er auf der Küchenbank. Magnus schnarcht drinnen in seinem Zimmer. Elvira ist schon vor Stunden gegangen. Am Morgen werden sie an verschiedenen Orten ihre Arbeit aufnehmen. Oskar spürt, wie sich sein Glied aufrichtet. Es beginnt zu heilen, und die Ärzte haben gesagt, dass er Kinder zeugen kann. Es hebt sich, und Oskar spürt, wie kurz es ist. Aber es wird steif. Oskar tastet mit der Hand danach. Er denkt an Elvira und spürt, dass er funktioniert.

Schließlich steht er noch einmal auf. Im Nachthemd setzt er sich an den Küchentisch und träumt.

»Ich begann sie von der Fabrik abzuholen, wenn ich Zeit hatte. Dort roch es ekelhaft. Gleich daneben lag eine andere Fabrik, die irgendetwas Stinkendes produzierte. Elvira arbeitete in einer rußigen Ziegelfabrik. Ich erinnere mich, dass ich oft das Ohr an die Wand drückte, dann konnte ich die Maschinen dort drinnen hören. Die Wand schien davon zu zittern. Wenn die Sirene zu heulen begann, strömten die Arbeiterinnen heraus. Es sah aus, als würden sie davonlaufen. Elvira war nie unter den Ersten. Gewöhnlich wusch sie sich erst gründlich. Viele taten das überhaupt nicht. Sie waren wohl zu müde. Oder sie wollten so schnell wie möglich weg. Sobald die Sirene heulte, ging ich auf die andere Straßenseite und wartete dort. Das war wohl ein bisschen kindisch, aber ich war immer nervös, bevor sie durch das Tor kam. Einmal, als ich sie dort abholte, erzählte sie mir, dass Elly ihre Schwester war.«

Als Oskar zu seiner Sprengmannschaft zurückkehrt, wird er mit großem Respekt empfangen.

»Du bist hier herzlich willkommen. Das sollst du wissen.«

Groß und schwer steht Norström da und schlägt Oskar auf die Schulter.

»Du wirst weiterhin Dynamit sprengen – und nicht umgekehrt.« Norström lacht laut und dröhnend. »Wir müssen jetzt nicht mehr an diesen verdammten Tunneln arbeiten. Hier geht es nicht mehr darum, Löcher zu sprengen, die früher oder später einstürzen. Nein, hier kommt ab sofort jeder verdammte Felsbrocken weg.« Norström deutet auf die Landstraße. Sie soll verbreitert werden. »Ich begreife zwar nicht, wozu das gut sein soll. So eng ist es doch nicht geworden, dass die Leute keinen Platz mehr auf der Straße haben. Aber das spielt keine Rolle. Für uns gilt, dass wir alles wegsprengen sollen.«

Dann beginnt Oskar wieder zu arbeiten und macht, was ihm mit seiner Behinderung möglich ist. Er bereitet die Dynamitladung vor und kümmert sich um die Zündkabel und Detonationen. Norström geht herum und tritt nach dem Handlanger, der neu ist.

»Stell dir vor, Johansson, der letzte hat solche Angst gekriegt, als du in die Luft geflogen bist, dass er aufgehört hat. Weichlinge.«

Norström brüllt alle an, außer Oskar. Oskar ist das Schmuckstück in Norströms Sprengerdasein. Und Oskar ist wieder Sprengmeister. Zum zweiten Mal in seinem Leben.

Eines Abends wird Oskar zu Norström nach Hause eingeladen. Norström will einige Kollegen, die Vorarbeiter aus anderen Sprengmannschaften, bei sich versammeln, um Oskar vorzuzeigen. Man wird saufen und protzen.

Oskar kommt gegen sieben. Das gleiche Holzhaus, die gleiche Wohnung, egal, an welchem Ort in der Stadt. Die Kinder sind weggeschickt worden. Norströms Frau sitzt im Zimmer, die Vorarbeiter rund um den Küchentisch.

»Das hier ist Johansson. Ihm müsst ihr besonders rücksichtsvoll die Hand geben.«

Norström ist knallrot im Gesicht. Er schwitzt vom Schnaps, der durch seine Adern fließt. Am Tisch sitzen drei weitere Sprengmeister, alle in Norströms Alter. In gewisser Weise gleichen sie einander. Dieselben Hängebäuche. Dieselben riesigen Pranken. Dasselbe dröhnende Lachen.

»Setz dich hier neben mich.«

Norström schiebt einen Stuhl zurück. Oskar setzt sich, und die Männer starren ihn an.

»Du bist also der Mann, der diesen Knall überlebt hat. Gut gemacht.«

»Gut gemacht? Das ist das Geringste, was man sagen kann.«

Norström präsentiert sein Schmuckstück. Gläser werden gefüllt und geleert.

»Willst du nichts?«

»Nein danke.«

»Was ist das für ein Unsinn? Gibt es einen Sprengmeister, der keinen Schnaps trinkt?«, dröhnt Norström. »Aber du bist wohl nach dem Unfall entschuldigt. Nimm ein Helles.«

Oskar sitzt vor seinem Glas. Die Vorarbeiter gehen nun dazu über, einander mit Arbeitsresultaten, eigenartigen Erlebnissen mit Dynamit, seltsamen Sprengmeistern und schrecklichen Unfällen zu übertrumpfen. Oskar hört still zu.

»Wir hatten einen, der hat sich selbst in die Luft gesprengt. Er hatte wohl getrunken. In der Mittagspause nahm er ein bisschen Dynamit, zündete es an und steckte es in die Tasche. Es ist nichts von ihm übrig geblieben. Wir haben nur einen halben Schuh gefunden.«

»O je.«

»O je.«

»1890 haben wir zwei Sprenger an einem Tag verloren. Ein Unfall am Morgen und einer am Nachmittag. Es waren auch noch Brüder. Eine Weile glaubten wir, der zweite Bruder hätte es mit Absicht getan. Er war wohl traurig über den Tod des anderen Bruders.«

Dann schwenkt das Gespräch zum Sozialismus über.

»Wir sollten gut auf die Partei aufpassen.«

»Aber müssen die immer alles so schwarzmalen? Den König einen Landesverräter und Mörder zu nennen ist doch wirklich heftig. Sind sie dafür nicht ins Gefängnis gekommen?«

»Doch. Wir haben Geld für sie gesammelt.«

»Natürlich gibt es eine Revolution. Oder nicht, Johansson?«

»Das versteht sich von selbst.«

»Das tut es, ja.«

Oskar glaubt an die Revolution. Das ist das Verdienst von Magnus Nilsson. Er hat auf eine neue Art darüber gesprochen und so in Oskar eine Unruhe geweckt. Man kann etwas verändern. Selbstverständlich müssen sich die Dinge ändern. So wie es jetzt ist, ist es falsch und ungerecht. Und diese Unruhe erzeugt Bedürfnisse.

Als Oskar die Vorarbeiter verlässt, geht er nach Hause, aber zugleich geht er einer anderen Auffassung von Wirklichkeit entgegen.

Das Parteimitglied

Die Erzählung ist oberflächlich. Sie bildet Oskars Einsilbigkeit ab, mit Rissen und Lücken. Aber die Oberfläche hat auch Poren. Langsam beginnt sie zu atmen, und die Poren öffnen sich.

Unter der Oberfläche liegt die Geschichte.

Die Geschichte von den Veränderungen.

Hjalmar Branting, Parteiführer.

Oskar Johansson, Parteimitglied.

Per Albin Hansson, Parteiführer.

Oskar Johansson, Parteimitglied.

Tage Erlander, Parteiführer.

Oskar Johansson, Sprengmeister, der die Partei verlassen hat.

Olof Palme, Parteiführer.

Hilding Hagberg, Parteiführer.

Oskar Johansson, Parteimitglied, ehemaliger Sprengmeister.

C. H. Hermansson, Parteiführer.

Oskar Johansson, Parteimitglied, ehemaliger Sprengmeister. Witwer, Pensionär.

Oskar ist ein ausgeglichener Mensch. Ich kenne ihn als jemanden, der nie wütend wird, oft lacht und ein Optimist ist. Ich kenne ihn als eine stabile Persönlichkeit.

Aber ist er das schon immer gewesen? Eines Tages erzählt er die alte Geschichte von dem Mann, der sagt: Ich war nie

Pessimist. Ich war mein ganzes Leben lang Optiker. Er erzählt sie, als spräche er von sich selbst.

Vielleicht ist es ja so. Aber der Erzähler bezweifelt das.

Ist es immer so gewesen?

Nein, so war es nicht.

»Elvira und ich haben nie gestritten. Ich glaube sogar, dass wir in all den Jahren, die wir gemeinsam verbringen durften, kein einziges böses Wort zueinander gesagt haben. Die Kinder schnauzte man schon mal an, als sie klein waren und sich gestritten haben, aber sie bekamen nie Schläge. Elvira und ich waren immer einer Meinung. Wir mussten nichts diskutieren. Wir wollten dasselbe. Aber daran ist nichts Besonderes.«

Der Eisberg

Im Sommer 1912 findet die Olympiade in Stockholm statt. Die Sprengmeister sitzen unter den Birken und kommentieren die Ergebnisse.

Aber keiner von ihnen darf auch nur daran denken, selbst einmal ein olympisches Ereignis besuchen zu können.

Die Erzählung wird anekdotisch. Sie besteht aus Fragmenten. Oskar lebt, ist gestorben, soll beerdigt werden, ist beerdigt, lebt wieder. Aber in der Wirklichkeit hängen die Dinge stets zusammen. Da gibt es keine Zwischenräume, keine undichten Ritzen, keine Marginalien. Oskar Johanssons Wirklichkeit ist der Kampf zwischen Kapitalismus und Sozialismus, zwischen Revolution und Reformismus. Dieser Kampf bestimmt Oskar Johanssons Leben. Er selbst empfindet sich als unbedeutend, bedeutend und wieder unbedeutend.

Die Fragen nach den Ursachen.

Die Frage nach der politischen Entwicklung in Oskars Leben.

1968. Oskar spricht über die Ereignisse in Paris und Berlin. Er spricht über Amerika. Einige Tage vor meiner endgültigen Abreise sitzt er in seiner Sauna. Es ist Herbst, und die Petroleumlampe verbreitet ein warmes Licht. Oskar hat gerade den Docht ausgetauscht und Petroleum nachgefüllt. Draußen geht ein Sturm, es ist pechschwarz, und die Wellen rollen an den Strand. Wir können ihr schwaches Murmeln vernehmen, wenn sie sich an den Klippen auf der anderen Seite der Bucht brechen. Das Radio läuft, und wir hören *Dagens eko*. Die Angriffe sind weiter verstärkt worden. Rau und trocken erklingt die Stimme aus dem Radio im Raum.

Oskar lauscht, sein Arm ruht auf dem Tisch. Der Kopf ist vorgebeugt. Der Sommerstock liegt auf seinen Knien, die in den Arbeiterhosen stecken. Als *Dagens eko* vorüber ist, drückt der Finger die Taste. Es wird still. Die Wellen schlagen gegen die Insel. Schließlich gibt Oskar einen kurzen Kommentar zu den Ereignissen ab. Dabei hebt er nie den Kopf. Auch der Zeigefinger liegt ruhig da.

»Sie sind wahnsinnig. Wenn man hört, was dort unten geschieht, kann es nur mit dem Teufel zugehen. Was glauben die eigentlich, dass sie sich erlauben können? Ermorden einfach unzählige Menschen. Aber von uns gibt es ja genug.«

Ich stehe auf, und wir geben uns die Hand, wie wir es immer tun, wenn ich komme oder mich verabschiede. Wir nicken und wir sagen, dass wir uns nächstes Jahr wiedersehen werden. Dann gehe ich hinaus. Vor der Tür reißt und zerrt der Sturm an mir. In der Dunkelheit ist kaum etwas zu erkennen. Die Luft schmeckt salzig.

Die Erzählung über Oskar ist wie ein Eisberg. Man sieht nur einen kleinen Teil. Der Großteil ist unter der Oberfläche verborgen. Dort befindet sich die größte Masse Eis, die dem Berg das Gleichgewicht im Wasser verleiht und ihn stabil dahingleiten lässt.

Es gibt zwei parallel verlaufende Stränge. Die Episoden und die Erinnerungsbilder aus einigen Sommern, die ich mit dem pensionierten Sprengmeister verbracht habe. Außerdem aber auch die historischen Entwicklungen, die Oskars Umfeld verändert haben. Oskar spricht über seine Verbindung mit dem einen Strang und lässt den anderen außen vor. Es sind zwei Tathergänge, die aneinanderreiben, zwei Zahnräder, die ineinandergreifen. Dabei zeichnen sie denselben Verlauf. Eine Erlebnisebene ist das Spiegelbild der anderen. Aber sie sind unter derselben Identität vereint. Sie beschreiben die Gesellschaft, in der Oskar Johansson lebt.

Oskar Johanssons Gesicht.
　　Das Gesicht des Erzählers.
　　Zusammen bilden sie die Geschichte.

Die Luft ist salzig. Der Wind schneidet in den Augen, und ich gehe durch den Wald anstatt am Strand entlang. Dabei habe ich das Gefühl, durch eine schwarze Wand zu laufen. Büsche und Zweige schlagen mir ins Gesicht. Der Wacholder sticht, die Birken peitschen.

Anfang Herbst 1968. Der Erzähler hat Oskar Johansson zum letzten Mal besucht.

Der Pensionär

Einmal erwähnt er seinen letzten Arbeitstag. Am 14. September 1954 um sechs Uhr abends hat er seine Arbeit als Sprengmeister beendet. Mit einem Blumenstrauß in der Hand stand er in der gelben Umkleidebaracke. Zwei Tulpen und drei grüne Zweige. Er hatte die Blumen zwischen Daumen und Zeigefinger geklemmt und lauschte der Rede des stellvertretenden Direktors der Baufirma. Die Luft war stickig und heiß, und bei dem feuchten Wetter stanken die Regenmäntel und die Stiefel.

Neun Männer standen in der engen Baracke. Als Oskar das Gebäude beschreibt, habe ich das Gefühl, dass es noch kleiner war als die Sauna, die später sein Heim wurde.

Ursprünglich hatte Oskar vorgehabt, bis Weihnachten 1954 zu arbeiten, aber eines Tages änderte er seine Meinung.

»Ich weiß nicht mehr warum. Aber je näher der letzte Tag kam, desto dümmer kam es mir vor, unnötig lange zu bleiben. Also gab ich eines Freitags Bescheid. Die nächste Woche wird die letzte. Sie sagten nichts. Schon damals waren ja ältere Männer bei der Arbeit überflüssig. Man soll nicht glauben, es wäre etwas Neues, dass man schon unter vierzig als alt gilt. Aber damals gab es noch nicht so viele Leute.«

Als die Putzfrau gegen vier Uhr morgens eintraf, um die Baracke zu säubern, lagen die Blumen noch auf dem Tisch. Oskar erzählt nie, ob er sie absichtlich dort gelassen hat, oder ob er sie vergessen hat.

»Die Blumen kamen nicht mit nach Hause. Sie sind wohl dort geblieben.«

Am 15. September blieb Oskar im Bett. Er lag da und hörte die Straßenbahnen, die auf der Straße vorbeiratterten, und er freute sich darüber, nicht in das Matschwetter hinauszumüssen. Er erinnert sich genau, dass es an diesem Morgen regnete, ein starker, anhaltender Regen, und er weiß noch, wie die Markise an dem Balkon in der Wohnung über ihm im Wind schlug.

Er lag im Bett und hörte die Post in den Briefkasten fallen. Er vermisste die Arbeit nicht. Still lag er da und überlegte, dass er diesen Sommer früh in die Schären fahren wollte.

Am Nachmittag geht er aus und kauft einen Kalender. Das hat er noch nie getan. Aber jetzt besorgt er sich einen, den er in der Küche aufhängt. Für jeden Tag soll man einen Zettel mit dem Datum abreißen. Für jeden Monat soll man eine größere Scheibe drehen. Die Bilder darauf wechseln je nach Jahreszeit. Auf der Scheibe für den September 1954 ist ein Schwarz-Weiß-Foto von Menschen in Regenkleidung zu sehen, die auf einen Bus der Linie 34 warten.

Nachdem der stellvertretende Direktor seine Rede gehalten hat, klopft er Oskar auf die Schulter und stimmt ein dreifaches Hoch an. Es dröhnt in der Baracke, und dann geht der stellvertretende Direktor seiner Wege. Nun beginnt sich Oskar zusammen mit seinen Kumpeln umzuziehen. Er wirft seinen Blaumann in einen Kasten, der als Abfallkorb dient. Da liegt er zwischen Wursthäuten und Butterbrotpapier.

Dann gehen sie einer nach dem anderen nach Hause.

»Hab es gut. Bei diesem Wetter.«

»Danke.«

»Bei mir sind es nur noch zwei Jahre.«

»Die Zeit vergeht.«

»Das kann man nur hoffen.«

»Danke für alles.«

»Dir auch.«

Sie verlassen die Baracke und stiefeln über den lehmigen Boden. Einige nehmen ihre Fahrräder, andere machen sich im Laufschritt davon. Oskar geht zur Straßenbahnhaltestelle.

Ich erinnere mich nicht genau daran, was er gesagt hat. Es war nicht viel. Aber er sagte etwas über den Unfall.

Oskar und der Unfall gehören immer zusammen. Alle erwähnen ihn als Oskars Kennzeichen.

»Ein Mann, der in die Luft flog, aber irgendwie davonkam.«

»Ein Daumen, der schrecklich aussieht. Aber er ist ein netter Kerl.«

»Er kommt erstaunlich gut damit zurecht.«

Aber Oskar redet fast nie über den Unfall. Wenn er ausnahmsweise darauf zu sprechen kommt, erzählt er nur zögernd und einsilbig, als wären ihm die damaligen Ereignisse selbst fremd.

Oskar liegt in seinem Bett. Es ist der Abend des 15. September 1954. Er hat das Nachtlicht ausgeschaltet, liegt im Halbdunkel und schaut sich im Zimmer um. Plötzlich steht er auf und geht in die Küche. Dort nimmt er einen Bleistift vom Küchentisch und macht ein kleines Kreuz über den 13. September. Dann legt er den Bleistift weg und kehrt zu seinem Bett zurück.

Am darauffolgenden Tag entdeckt er beim Kaffeetrinken, dass er das falsche Datum angekreuzt hat. Aber er macht sich nicht die Mühe, das zu korrigieren.

»Den ganzen Herbst und Winter über saß ich zu Hause und wartete auf den Frühling. Viel mehr habe ich nicht gemacht. Aber ich hatte eine Sehnsucht in mir, und davon kann man lange leben. Nicht nur, wenn man jung ist.

Die Tage vergingen, und ich lief herum und wartete. Zum Glück war der Winter in diesem Jahr kurz.«

Oskars Austritt aus der sozialdemokratischen Partei ist keine impulsive Handlung, sondern das Ergebnis einer langen Kette von Ereignissen. Wenn er davon spricht, betont er vor allem das Gefühl, dass zu wenig in zu langer Zeit geschehen sei. Dabei erklärt er jedoch nicht direkt, was er meint. Er spricht nur von Stillstand. Und da Oskar sehr selten näher auf die Gründe der Veränderungen eingeht, die er selbst hervorgerufen hat, bleiben die Wörter *Stillstand* und *zu langsam* die einzigen Erklärungen. Er stellt auch keinen Vergleich an zwischen der Partei, die er verlässt, und der anderen, in die er eintritt. Stillschweigend wechselt er die Parteizugehörigkeit.

Aber eines Abends im August, in einem der letzten Sommer, sagt er im Zusammenhang mit der Erhöhung seiner Rente, dass man nichts zu verlieren habe, falls man seine Meinung ändere. Er habe das oft erlebt, erklärt er. Man könne ruhig einmal im Jahr die Partei wechseln, wenn man wirklich glaube, dass es sich lohnt.

»Aber die Rente? Was meinst du?«

»Die ist gestiegen.«

»Ja?«

»Sie hätte noch mehr steigen sollen. Du weißt doch, was das Essen heutzutage kostet?«

»Oh ja. Das weiß ich.«

»Eben.«

Zwei Sommer lang ist Oskar ein treuer Radiohörer. Eines Abends beginnt er damit, bald hört er regelmäßig ein paarmal in der Woche Radio. Im dritten Sommer jedoch nicht mehr. Er wechselt nicht zu einem anderen Sender, sondern das Radio bleibt stumm. Stattdessen hat er angefangen, Kreuzworträtsel zu lösen. Er hat sie aus der Zeitung gerissen und auf den Tisch vor das Radio gelegt. Er beginnt im Mai, und Ende August hat er das letzte gelöst. Als wir eines Abends Müll verbrennen, sehe ich, wie die Rätsel zwischen Essensresten und Kartons Feuer fangen.

Eines der Kreuzworträtsel bleibt übrig, fällt vom Tisch und bleibt dahinter stecken. Als die Sauna nach Oskars Tod abgerissen werden soll und der Tisch hinausgetragen wird, fällt das vergilbte Papier zu Boden.

Das Kreuzworträtsel ist gelöst. An einer Stelle allerdings sehe ich, dass Oskar ein Schreibfehler unterlaufen ist und er auf diese Weise ein falsches Wort eingefügt hat. Er hat *Augenblick* ohne c buchstabiert, und dadurch sind mehrere Spalten des Kreuzworträtsels unlösbar geworden. Aber er hat sie trotzdem so ausgefüllt, dass die Buchstaben stimmen, obwohl nach ganz anderen Wörtern gefragt wurde. Er hat sein Kreuzworträtsel gelöst, indem er durch seinen Schreibfehler ein neues geschaffen hat.

Das Bild von Oskar ist dunkel. Widersprüche und stumme Antworten, Schweigen und zweideutige Äußerungen sind daran nur zum Teil schuld. Es gibt auch kleine Ereignisse, die das Bild ins Wanken bringen, die Fugen aufreißen und dafür sorgen, dass das Ganze unvollständig bleibt.

Manchmal denke ich, Oskar macht das bewusst.

Bei anderen Gelegenheiten bin ich überzeugt davon, dass ich mich getäuscht habe.

Einmal vergesse ich mein Portemonnaie auf dem Tisch. Als ich es am nächsten Tag hole und später eine Briefmarke herausnehmen will, ist sie verschwunden.

Ein anderes Mal, als wir ohne Licht in der Sauna sitzen und auch das Radio ausgeschaltet ist, schlägt Oskar plötzlich mit der Faust auf den Tisch und beginnt, einige Strophen aus dem Volksliederbuch *Elfsborgs fästning* mit hoher Stimme und falsch zu singen. Dabei beugt er den Kopf über dem Tisch vor und singt aus vollem Hals. Doch plötzlich verstummt er mitten in einer Strophe, und der Zeigefinger beginnt wieder auf die Tischplatte zu trommeln.

Wieder ein anderes Mal bittet er mich, eine pornografische Zeitung zu kaufen, wenn ich an Land fahre. Zuerst zählt er das Übliche auf, was er haben will. Milch, Kaffee, Brot. Aber dann fügt er hinzu, dass ich eine Zeitschrift mit Mädchen erstehen soll. Er kennt keine spezielle, sondern bittet mich, eine auszuwählen. Als ich zurückkomme, habe ich *Kriminaljournalen* und *Cocktail* gekauft. Sein einziger Kommentar ist, dass eine gereicht hätte.

Dann sitzt er da und blättert die Zeitschriften durch. Der Text interessiert ihn nicht. Er verweilt nur einen kurzen Moment bei jedem Bild, dann blättert er weiter, und als er am Ende angekommen ist, legt er sie zu den anderen Zeitungen, die er im Haus hat.

Beim nächsten Mal schläft er noch, als ich komme, um mit ihm die Netze einzuholen. Er schläft mit gleichmäßigen Atemzügen, und als er das Auge aufschlägt und mich in der Tür stehen sieht, dreht er sich nur um und schläft weiter.

»Manchmal denke ich, es wäre schön, wenn es vorbei wäre.«

Nur ein einziges Mal klagt er über Langeweile und Erschöpfung. Es ist ein schöner Tag, und wir sitzen vor der Sauna, während Fliegen uns umschwirren. Wir sitzen da und sehen ein Fischerboot, voll beladen mit Touristen, die uns im Vorbeifahren zuwinken. Aber diesmal winkt Oskar nicht mit seinem Armstumpf zurück, sondern erhebt die Stimme, um den pochenden Motor zu übertönen.

»Manchmal denke ich, es wäre schön, wenn es vorbei wäre.«

Dann sagt er nichts mehr. Gleich darauf kommt ein ebenso dicht besetztes Boot vorbei. Da winkt er zurück.

»Ich winke trotzdem weiter.«
    »Ja.«
    »Die Leute sehen fröhlich aus.«
    »Sie haben ja jetzt Ferien.«

»Die Zeit vergeht schnell.«

»Sie haben schönes Wetter für den Urlaub.«

»Das weiß man nicht.«

»Man kann ja hoffen.«

»Ja.«

Das Bild von Oskar, das nie vollständig wird, ist unauflöslich mit dem Staat verbunden, in dem Oskar gelebt hat. Die Art, wie er sich selbst als anwesend, aber fast nie als teilhabend beschreibt, ist der rote Faden. Mit den Fragmenten, halben Wörtern und halben Sätzen, den kurzen und zusammenhanglosen Episoden, die er aus dem Gedächtnis hervorholt, bestätigt Oskar auf seine Art, was er meint. Das Bild, das er von sich selbst zeichnet, ist das eines Anwesenden. Aber ich lerne ihn in den Jahren, in denen wir uns treffen, auch als einen Teilhabenden kennen. Oskar versucht, ein falsches Bild von sich selbst zu entwerfen, und unter dieser Voraussetzung muss sich die Erzählung platzieren und entwickeln.

In einem der letzten Sommer versuche ich, Oskar methodischer auszufragen, aber das führt nur zu einem Misstrauen, das wir sonst nicht voreinander haben. Einen guten Monat bleibt Oskar reserviert und stumm, manchmal auch etwas schroff. Aber eines Tages ist er wieder der Alte, und seine Erzählung springt in unregelmäßigen Abständen weiter voran. Ganz selten scheinen seine Worte den Gedanken zu folgen, die er in sich trägt, viel häufiger erwecken sie den Eindruck, ihn selbst zu überraschen. Als wären sie aus einem Raum in seinem Inneren entwischt, den er eigentlich verschlossen und versiegelt halten will. Auf jede Erinnerung, jedes Wort, das sein Leben betrifft, folgt ein kurzes Schweigen. Auch wenn er weiter über die Dinge spricht, mit denen wir uns gerade beschäftigen, existiert da doch ein kleines Schweigen hinter den Worten. In seinem Erzählen zeigt sich selten die Lust zu reden. Was er sagt, kann manchmal ungeheuer eindringlich sein, aber seine Stimme erhebt oder senkt sich beinahe nie. Deshalb ist dieser plötzliche Gesang, sind die unvermittelten Zeilen aus dem Volksliederbuch eine rätselhafte Ausnahme.

Einmal sagte Oskar, er sei seit Mitte der dreißiger Jahre nicht mehr im Kino gewesen. Und ich erinnere mich auch, dass er erklärte, es mache ihm einfach keinen Spaß. Da habe ich nach etwas andrem gefragt, und er antwortete wieder, es mache ihm einfach keinen Spaß, dabei fand er das selbst ein wenig merkwürdig.

In einem Sommer bekommt Oskar ein seltsames Jucken in dem zugewachsenen Auge. Es wird so stark, dass er beginnt, nachts daran zu kratzen, und eines Morgens sieht er Eiter auf dem Kissen. Er fährt zum Krankenhaus und muss für eine Woche dort bleiben. Die Narbe wird aufgeschnitten und der Entzündungsherd entfernt. Dann wird die Augenhöhle wieder zugenäht, und Oskar kann auf seine Insel zurückkehren. Nach einer Woche fährt er wieder für einen Tag in die Klinik und lässt die Fäden ziehen. Als er zurückkommt, erzählt er, die Ärzte hätten ihm gesagt, sie hätten ein Sandkorn gefunden, das auf der Innenseite der Augenhöhle eingebettet lag und sich vermutlich seit dem Unfall dort befand. Oskar lächelt ein wenig verschmitzt und entfaltet sein Taschentuch. Auf der weißen Oberfläche sehe ich ein grauweißes Sandkorn. Dann bläst Oskar es weg, und es verschwindet auf dem Boden.

»Ich habe es mitgenommen, um es dir zu zeigen.«

Dann, als ich gerade gehen will, setzt er hinzu: »Früher hätte bestimmt irgendjemand ein Lied über dieses Sandkorn im Auge schreiben können.«

Dieses Sandkorn, das in dem Taschentuch lag, auf den Boden flog und in einer Ritze verschwand, ist die letzte Episode, an die ich mich erinnern kann. Danach habe ich keine Erinnerungen mehr, die deutlich genug wären, um sie aufzuschreiben.

Der Fels.

Das Sandkorn.

Die abgehackten Worte.

Die vielen Sommer.

Oskar Johansson, 44 Jahre

Er ging die Steintreppen hinunter, die zum Hafenkai führten. Die Luft war rau und kalt in diesen Septembertagen des Jahres 1932. Er ging vorsichtig und hielt sich dicht an dem rostigen Handlauf, um nicht zu stürzen. Dabei spürte er, dass der rechte Fuß feuchter war als der linke, und er sah, dass sich die Sohle an der Naht vom Oberleder löste.

Er überquerte den Kai und bog in das Wohngebiet ein, das auf der einen Seite des Hafens an den Felsen emporkletterte. Jetzt ging er ziemlich schnell, da er nicht mehr vorsichtig sein musste. Alle Karren standen in Reihen vor den langen, grau gekalkten Lagerhäusern. Das Gleis war verlassen, und leere Güterwagen standen dicht gedrängt auf den Rangiergleisen zwischen den Baracken.

Es lagen keine Schiffe an der Kaimauer, in der große Risse klafften, wo das schwarztrübe Hafenwasser zäh und verschmutzt dahinfloss. Oskar sog den süßlichen Salzwassergeruch durch die Nase ein und schaute über den Hafen. Da lagen nur die halb verrotteten Kähne, mit denen man die Hafenmündung alle drei Jahre vom Schlamm befreite. Außerdem ein Fischerboot und einige Ruderboote. Mehr nicht.

In dem Wohngebiet nahm er einen kleinen, sich zwischen den zweistöckigen Häusern dahinschlängelnden Kiesweg. Vor dem dritten Haus blieb er stehen. Er betrat es, und im schwachen Licht des Treppenhauses klopfte er an die erste Tür links im Erdgeschoss. Sie wurde sofort geöffnet.

Als er eintrat, sah er Lindgren auf der Küchenbank in der Ecke hocken. Bleich und mager saß er da, und Oskar fiel auf, dass er sich seit mehreren Wochen nicht rasiert hatte. Lindgren schaute träge zu ihm auf.

»Guten Tag.«

»Guten Tag.«

Lindgrens Mutter hatte Oskar die Tür aufgemacht. Sie war über siebzig und derart geschrumpft, dass sie Oskar kaum bis zum Brustkorb reichte. Wie einen schmalen braunen Stock streckte sie den rechten Arm aus, und ihre Hand umfasste Oskars Daumen.

»Also kommt Johansson zu Besuch. Das ist aber eine Überraschung.«

»Ich habe ja Zeit. Ich wollte nach Lindgren sehen.«

»Das ist nett. Er trifft doch kaum mehr jemand.«

Lindgren glotzte Oskar und seine Mutter apathisch an. Er trug ein großkariertes Hemd. Seine Hosenträger baumelten rechts und links von seinen Beinen. Seine schwarzen Haare waren ungekämmt. Die großen Hände hatte er auf den Tisch gelegt.

Oskar betrachtete Lindgren. Seit ihrem letzten Treffen war fast ein Jahr vergangen. Oskar sah, dass es Lindgren schlechter ging. Jetzt waren seine Augen wässrig und ausdruckslos. Damals hatte es wenigstens ein wenig Beweglichkeit in seinem Blick gegeben, ein schwaches, aber unmissverständliches Zeichen dafür, dass das Gehirn Botschaften empfing und verarbeitete.

Lindgren litt an einer Krankheit, die langsam, aber unerbittlich das Gehirn zerstörte. Er hatte viele Jahre lang in derselben Sprengmannschaft wie Oskar gearbeitet, bis die Krankheit es unmöglich machte, ihn weiter zu behalten. Seither wohnte er zu Hause bei seiner Mutter, saß auf der Küchenbank und ließ sich von ihr verhätscheln. Die Mutter selbst war abgestumpft durch die Dämpfe, die sie während der fünfunddreißig Jahre in einer Färberei eingeatmet hatte, und im letzten Jahr hatte sich obendrein eine beginnende Arterienverkalkung bei ihr gezeigt.

»Willst du dich nicht setzen, Johansson?«

Oskar nimmt auf der Bank neben Lindgren Platz, der langsam den Kopf dreht und ihn mit seinen leeren Augen anstarrt. Die Mutter sieht ihren Sohn an, wie er da in der engen, verwohnten Küche sitzt.

»Willst du Johansson nicht begrüßen?«

Fast ein wenig ärgerlich geht sie hin und knufft ihn leicht in die Schulter. Er reagiert langsam und blickt sie stumm an.

»Siehst du nicht, dass Johansson zu Besuch gekommen ist?«

Wieder dreht Lindgren bedächtig den Kopf und schaut jetzt Oskar an.

»Willkommen Joha, aber jetzt muss ich schla… wollen wir Kaff…«

Sein Gehirn kann den Satz nicht beenden, den er angefangen hat. Er verstummt und starrt auf den Tisch.

Oskar steht auf. Er hat den Mantel nicht ausgezogen.

»Ich dachte, ich nehme ihn mit hinaus, damit er etwas an die Luft kommt.«

»An die Luft?«

»Er sitzt doch sicher meistens hier drinnen. Und jetzt habe ich ja Zeit.«

»Wie lieb von dir, Johansson. Natürlich muss der Junge

nach draußen. Aber dann mache ich euch einen Proviant-korb zurecht.«

»Für ein Picknick ist es wohl etwas zu kalt. Dieser September ist zu kühl für größere Ausflüge.«

Aber die Mutter sieht ihren Sohn schon bei einem Ausflug mit Oskar. In rasender Geschwindigkeit bereitet sie Kaffee zu, holt einige trockene Brötchen hervor und rollt sie in ein Tuch. Dann zieht sie dem Sohn einen Mantel an und legt ihm das Bündel in die Hände.

Oskar und Lindgren gehen zur Tür hinaus, und Oskar nimmt den Kiesweg, der zu dem Waldgebiet führt, das einen halben Kilometer vom Hafen entfernt liegt. Schweigend gehen sie nebeneinander her. Lindgren hat das Bündel fest an die Brust gedrückt und starrt ununterbrochen auf den Boden. Sie laufen auf den Wald zu, und Oskar bringt es nicht übers Herz, auf einen Ausflug mit Proviantkorb zu verzichten, obwohl der Nebel schwer über dem Boden hängt und ihnen der Atem als Dampf um die Gesichter weht.

Oskar setzt Lindgren auf einen Baumstumpf am Waldrand, nimmt das Bündel, und nach einer Weile gelingt es ihm, ein kleines, zischendes Feuer zu entfachen und den Kaffee aufzuwärmen. Dann sitzen sie jeder auf einem Baumstumpf einander gegenüber, frieren und schweigen. In diesem Jahr ist der Herbst schon weit fortgeschritten.

Lindgren stiert träge vor sich hin. Bedrückt betrachtet Oskar ihn. So sitzen sie weiter stumm da an diesem Septembertag bei ihrem Ausflug in den Wald, den Proviantkorb zwischen sich.

Plötzlich fragt Oskar behutsam: »Wie geht es dir, Lindgren?«

»Danke, gut. Es freut mi…«

Dann ertrinken Lindgrens Worte. Das Gehirn vermag einen einleitenden Impuls zu schicken, und den Nerven gelingt es, diesen in einige Wörter zu verwandeln, aber Lindgren kann die Sätze nicht beenden.

So wird es wieder still, ehe Oskar es noch einmal versucht.

»Deine Mutter scheint gut beieinander zu sein.«

»Sie ist gut bei …«

Erneut verlieren sich die Wörter im Nichts, und Lindgrens Unterkiefer hängt schlaff herunter.

So sitzen sie sich fast eine Stunde lang gegenüber, ehe Oskar das Bündel wieder zusammenpackt, Lindgren am Arm nimmt, ihn nach Hause führt.

Als Oskar Lindgrens Haus verlässt, ist es später Nachmittag, und während er zum Hafenkai einbiegt, denkt er, dass er nun seit genau sechs Monaten nicht mehr arbeitet. Es war an einem Sonntag wie heute, als ihm klar wurde, dass der Montag der Tag seiner Entlassung sein würde.

In diesem Jahr ist Oskar vierundvierzig Jahre alt. Lindgren, der jetzt auf der Küchenbank liegt, ist genauso alt. Oskar ist einer von Tausenden Arbeitslosen. Lindgren hat ein Gehirn, das bald ganz erloschen sein wird. Zusammen haben sie einen Sonntag im September gefeiert, während der Herbst näher und näher kroch.

Sonntags tragen die Arbeitslosen keine Arbeitskluft, wie sie es an Werktagen immer noch tun, wenn sie ihre langen Wanderungen zwischen dem Amt für Zeitarbeit, Fabrikeingängen und Cafés antreten, ehe sie wieder nach Hause gehen.

Denn es gibt keine Arbeit, weil die Depression die gesamte Wirtschaft im Griff hält. Waren stapeln sich im Lager, es finden sich keine Käufer, und die Tore bleiben geschlossen. Für Tagelöhnerdienste wie Holzhacken, Waldroden, Schneeschaufeln und Kohleabbauen bewerben sich Hunderte von Anwärtern, und die Masse der Arbeitslosen wächst. Die Tage gleiten ineinander über. Nationalsozialisten und Kommunisten wechseln sich auf den Straßen ab. Die Sozialdemokraten festigen langsam ihre neu gewonnene Regierungsmacht.

Aber sonntags zieht man sich dann die Festtagskleidung an und bummelt durch die Stadt, und Oskar geht zu dem Café unten am Hafen. Er betritt das überfüllte Lokal, nickt, und andere nicken ihm zu. Er sucht sich einen freien Platz an einem Tisch mit anderen, bestellt Kaffee und bläst sich Wärme in die Hände. Ihm gegenüber sitzt ein alter Eisenbahnarbeiter. Oskar kennt ihn von Fotos im Lokalblatt. Der Mann heißt Leandersson und ist ein ziemlich erfolgreicher Ringer in der Lokalliga. Leandersson gewinnt fast alle Wettkämpfe im Bantam-Gewicht, und wäre er nicht schon an die vierzig, könnte er auch bei größeren Kämpfen noch Erfolge verbuchen.

Leandersson schaut Oskar an und lächelt ein wenig schief. Oskar schielt neugierig auf die so oft erwähnten Blumenkohlohren, die Ringer ziemlich schnell bekommen. Aber Leanderssons Ohren sind glatt, ohne dicke Schwielen an den Ohrläppchen und ohne Knorpelbildung.

Der Mann trinkt Bier. Vor sich auf dem Tisch hat er ein schwarzes Notizbuch. Es ist fettig, und er streicht mit dem Daumen über die glatte Oberfläche.

»Ist hier frei?«

»Bitte setz dich.«

»Das Wetter ist rau.«

»In diesem Jahr ist es früh Herbst geworden. In den Häusern ist es kalt. Und du bist auch arbeitslos, vermute ich.«

»Oh ja.«

»Was machst du?«

»Sprengen.«

»So, so. Ich bin Eisenbahner.«

»Und Ringer, was?«

»Na ja. Das hätte ich vielleicht werden können. Aber jetzt ist es wohl zu spät.«

»Manchmal steht etwas über dich in der Zeitung.«

»Bestimmt nicht, weil ich so gut bin, sondern weil mein Gegner schlecht ist. Ich wickele oft eine Menge Schrott in eine Matratze und trainiere damit. Das ist wohl der stärkste Gegner, den ich habe.«

»Aha. Gibt es so wenige, die ringen können?«

»Nein. Aber ich bin in der falschen Gewichtsklasse. Offenbar gibt es keinen, der so viel wiegt wie ich. Oder so wenig, sollte man vielleicht sagen.«

»Ach so. Aber kannst du denn nicht zu- oder abnehmen?«

»Das will ich nicht. Das ist es nicht wert. Jedenfalls jetzt nicht mehr.«

»Wie lange bist du schon so?«

»Ohne Arbeit? Ich habe ein paar Tage Holz gehackt für einen, der krank war, aber sonst sind es wohl vier Monate, fast fünf, glaube ich.«

»Das ist wirklich beschissen.«

»Kann man so sagen.«

»Und es scheint nicht besser zu werden.«

»Das wird es sicher mit der Zeit.«

»Man muss wohl hoffen.«

»Ja. Das muss man.«

Dann beginnt Leandersson, in seinem schwarzen Notizbuch zu blättern, und Oskar rührt in seiner Tasse und schaut sich im Lokal um. Die Wärme und der Rauch stechen ihm ins Auge, und er bittet um die Rechnung. Gerade als er aufstehen will, schlägt Leandersson sein Notizbuch zu.

»Man kann nicht nur dasitzen und nichts tun. Und ich kann nicht jeden Tag mit dieser verdammten Matratze kämpfen.«

Oskar bleibt sitzen.

»Nein.«

»Deshalb betreibe ich ein bisschen Familienforschung.«

»Aha.«

»Ich versuche herauszufinden, woher ich komme. Es macht tatsächlich Spaß, wenn man etwas findet. Ich habe hier und da in die Kirchenbücher geschaut. Zum Glück stammt meine Verwandtschaft aus Dörfern in dieser Gegend, sodass ich hinradeln kann.«

»Aha.«

»Ich wusste, dass mein Großvater Bauer war, hatte aber keine Ahnung, woher seine Eltern stammten. Aber jetzt weiß ich etwas mehr.«

Damit schlägt der Ringer Leandersson sein Notizbuch auf und beginnt zu lesen.

»Mein Urgroßvater hieß Leander, kam aus Dänemark und ist 1802 hierhergezogen. Man bezeichnete ihn als Bauern, aber er war vermutlich Seemann, und weil er seit einem Sturm verschollen war und man nichts mehr von ihm hörte, wurde er 1821 auf Wunsch seiner Frau Maria Louisa für tot erklärt. Ich habe an eine Gemeinde auf Jylland geschrieben, und die sagen, ein Leander sei 1800 von dort weggezogen, ausgerechnet am ersten Tag des Jahrhunderts, am 1. Januar, zusammen mit seiner Frau und einem Kind. Großvater wurde erst später geboren. In dem Brief aus Jylland steht auch, dass Leander 1769 geboren wurde, als Sohn von einem Christian Leander, der 1738 geboren wurde. Aber dann ist Schluss. Und jetzt befasse ich mich mit der mütterlichen Seite. Bin mal gespannt, wohin das führt. Wer hätte gedacht, dass es Dänen in meiner Familie gibt. Mit irgendwas muss man sich ja beschäftigen.«

»Es ist doch gut, wenn man so was weiß.«

»Allerdings.«

Jetzt steht Oskar auf, sie nicken einander zu, ehe er das Café verlässt.

Auf dem Weg nach Hause bleibt er vor dem Aushang der Zeitung stehen und schaut sich die Fotos an. Er zählt nicht weniger als elf, die den Ministerpräsidenten Per Albin Hansson zeigen.

Auf dem Weg aus dem Reichstag.

Auf dem Weg in den Reichstag.

Wie er mit der Hand eine Kuh tätschelt und in die Kamera lächelt.

Im Gespräch mit von Sydow.

An einem Rednerpult im Gemeindehaus von Sala.

An einem Rednerpult im Gemeindehaus von Norrtälje.

An einem Rednerpult im Gemeindehaus von Värnamo.

Auf einem Lehnstuhl in seinem Arbeitszimmer.

Mit der Regierung auf dem Weg zu einer Sitzung.

Mit der Regierung auf dem Weg von einer Sitzung.

In seinem Arbeitszimmer mit einem General, der ihm seine Aufwartung macht.

Die Fensterscheibe ist von innen beschlagen, und das Licht ist schwach. Oskar betrachtet ein Foto nach dem anderen und zählt sie zweimal. Dann geht er weiter.

Später sitzen sie am Küchentisch, er und Elvira, und Oskar erzählt von Lindgren.

»Ist es wirklich so schlimm?«

»Er wird bestimmt bald sterben. Und die Mutter ist wohl auch ein bisschen wirr. Aber das kann man ja verstehen.«

»Der Arme.«

»Es ist schrecklich.«

»Gibt es dagegen keine Medikamente?«

»Nein. Es ist unheilbar. Es schleicht sich immer weiter ein. Der Kopf verfault.«

»Das ist ja furchtbar.«

»Er merkt es wohl selbst nicht.«

»Das ist jedenfalls ein Trost.«

»Ja. Und es hat ihm bestimmt gutgetan, ein bisschen an die frische Luft zu kommen.«

»Da hat sich die Mutter sicher gefreut.«

»Ja. Das hat sie.«

Dann verstummen sie beide, und bald werden sie schlafen gehen.

Als sie im Bett liegen, erzählt Elvira, dass es in ein paar Tagen, am 12. September 1932, eine politische Debatte geben wird. Während der Schlaf sie beschleicht, reden sie noch ein wenig miteinander.

»Wer wird dabei sein?«

»Per Albin. Wigforss.«

»Und von den anderen?«

»Pehrsson. Axel Pehrsson. Der Brams-Bauer.«

»Sköld. Und Engberg.«

»Es sind doch nicht nur die Unseren?«

»Sie werden wohl über Kreuger sprechen.«

»Bestimmt haben sie wichtigere Sachen zu bereden. Wo wir jetzt in der Regierung sitzen. Auf der Welt gibt es jetzt dreißig Millionen Arbeitslose.«

»Woher weißt du das?«

»Das habe ich in der Zeitung gelesen.«

»Und hier bei uns?«

»Hunderttausend.«

»Das müssen wir uns anhören.«

»Ja.«

Bis zum Ende der zwanziger Jahre weiß Oskar nicht, wovon Arbeitsplätze und Löhne, Krisen und Konjunkturaufschwünge abhängen. Er geht zur Arbeit und empfindet dabei die undeutliche Angst, er könnte plötzlich zu den gut sechzehn Prozent innerhalb der Landesorganisation gehören, die keine Arbeit haben. Er hört zwar überall die Gespräche, sieht die Veränderungen und liest Zeitung, aber er hat keine deutliche Vorstellung von den einzelnen Kräften, die hinter der ökonomischen und sozialen Situation stecken. Er arbeitet und ist anwesend.

Am Tag darauf sitzt Oskar in einem Café am Hafen und belauscht ein Gespräch zwischen zwei Brüdern, die an einem Tisch vor dem Fenster sitzen. Im Übrigen ist das Café leer.

Das liegt daran, dass an diesem Tag in der Stadt ein wichtiges Fußballspiel stattfindet.

Der jüngere Bruder ist Syndikalist. Der andere ist Anhänger der kommunistischen Partei von Kilbom. Sie sind sich auffallend ähnlich, haben die gleichen Gesten und die gleiche Art, abgehackt zu formulieren. Oskar sitzt allein im hinteren Teil des Cafés und hört ihr immer heftiger werdendes Gespräch. Die Kellnerin lehnt an der Theke und kratzt sich am Kinn.

Was in dem Gespräch genau gesagt wurde, ist ihm verborgen geblieben, aber als Oskar das Café verlässt, keimt ein Gedanke in ihm. Er geht schnell, und seine Schritte treiben den Gedanken voran, der ihn erfüllt. Als er sein Haus erreicht, bleibt er abrupt vor der Haustür stehen und geht dann mit der gleichen Geschwindigkeit weiter.

Viermal umrundet er den Block, ehe er das Haus betritt und die zwei Treppen hochsteigt. Mittlerweile trägt er den Gedanken als klares Bild unter der Schädeldecke und ist ganz aufgekratzt.

Nachts, als Elvira eingeschlafen ist, geht er in die Küche und setzt sich an den Tisch. Vorsichtig reißt er eine Seite aus seinem Gewerkschaftsbuch. Nach langem Nachdenken schreibt er mit deutlichen Blockbuchstaben Folgendes auf das Papier:

Morgen wird im Radio eine politische Debatte gesendet. Als arbeitslose Arbeiter und Sozialdemokraten haben wir die Pflicht, uns die Gedanken und Worte der von uns Gewählten anzuhören.

Dann unterschreibt er den Text mit *Oskar*. Er lässt das Blatt auf dem Tisch liegen und geht leise ins Schlafzimmer, um Elvira nicht zu wecken. Dort zieht er sich an und kehrt anschließend in die Küche zurück. Er nimmt das Blatt und schleicht sich zur Tür hinaus.

Auf den nächtlich dunklen Straßen ist kein Mensch unterwegs, und Oskar hält sich dicht an den Hauswänden. Er geht zum großen Markt, bleibt für einen Moment stehen und horcht in die tiefe Stille. Dann begibt er sich rasch zu der Glastür der Sparkasse. Dort befestigt er sein Blatt, das er aus dem Gewerkschaftsbuch gerissen hat. Er spuckt auf die Rückseite und drückt das Papier fest gegen das Glas.

Danach eilt er nach Hause. Als er die Wohnung betritt, lauscht er eine Weile Elviras Atemzügen, um sicher zu sein, dass sie schläft. Dann zieht er sich aus, legt die Kleider auf einen Küchenstuhl und schlüpft in sein Nachthemd. Er setzt sich auf einen der Küchenstühle, lächelt vor sich hin und blättert in seinem Gewerkschaftsbuch, in dem nun ein Blatt fehlt. Erst spät in der Nacht geht er zu seiner Seite des Betts, um zu schlafen.

Aber Elvira hat nicht geschlafen. Als er vor ein paar Stunden die Wohnung verließ, hat sie sich rasch angekleidet und ist ihm gefolgt. Während er am großen Markt innegehalten und gelauscht hat, hat sie in einem Hauseingang etwas weiter unten an der Straße gestanden. Als er dann an dem Glasfenster stand, verspürte sie eine heftige Unruhe und dachte, er würde ein Verbrechen begehen wollen. Kaum war er außer Sicht, lief sie zur Sparkasse und entdeckte den weißen Zettel am Fenster. Sie las den Text und eilte dann über Hinterhöfe und Holzplanken, um vor ihm zu Hause zu sein.

Nun liegt sie angekleidet im Bett, mit Mantel und Schuhen unter der Decke, und hört ihn hereinkommen, hört, wie er dasteht und horcht, ob sie schläft, sieht, wie er sich auszieht. Danach sieht sie ihn im Nachthemd am Küchentisch sitzen und im Gewerkschaftsbuch blättern. Als er sich hingelegt hat und sie sicher ist, dass er schläft, steigt sie vorsichtig aus dem Bett, weicht dem knarrenden Fußbodenbrett aus, dem dritten von der Küchentür aus gesehen, zieht sich aus und kriecht wieder unter die Decke.

Erst jetzt verspürt sie die Freude in sich aufsteigen, und sie bleibt bis zum Morgen wach, bis sie zusammen aufstehen und Oskar fragt, wie sie geschlafen habe.

Sie trinken Kaffee, essen Haferbrei und hören, wie die Nachbarn über ihnen zu streiten beginnen. Schließlich steht Oskar auf und geht hinauf, um ein wenig Zucker zu borgen, er weiß, dass er damit beide erfreut, weil der Streit jetzt ein Ende hat.

1933 beginnt Oskar wieder zu arbeiten. Er ist unter den Ersten, die Arbeit bekommen, nachdem die Arbeitslosigkeit Anfang des Jahres ihren Höhepunkt erreicht hat. Im Mai findet er in Stockholm eine Stelle, und dort sieht er eines Nachmittags die Nationalsozialisten durch die Straßen paradieren. Er hat einen Knoten im Magen, während er auf dem Bürgersteig steht und sie an ihm vorbeiziehen, Feldwebel Lindholm mit an der Spitze. Oskar sieht vor seinem inneren Auge, wie er in den Zug rennt und den Feldwebel mit seinem Finger und seinem Daumen ins Gesicht schlägt.

Nachdem der Aufmarsch vorüber ist, kehrt Oskar in seine Wohnung zurück, ein Mietzimmer an der Katarina Bangata, und am Tag darauf liest er in den Zeitungen, dass Nationalsozialisten im Humlegården-Park von Jungkommunisten und anderen angegriffen wurden.

Zu Beginn des Sommers steht er bei einer nationalsozialistischen Wahlkampfveranstaltung abseits neben einem Baum in einem Park und hört den Sprecher in heiseren, schrillen Sätzen erklären, dass eine Menge Leute verschwinden müssten, und Oskar begreift, dass er einer von denen ist.

Schließlich kehrt er in seine Heimatstadt zurück und wird wieder einer der Arbeitslosen. Regelmäßig holt er Lindgren zu Spaziergängen ab, meidet aber den Wald, in den sie ihren kleinen Ausflug gemacht haben, obwohl es schon Herbst war, und neben der Mutter ist er der Einzige bei Lindgrens Beerdigung.

Ehe die Mutter nach Hause geht, streckt sie ihm zum zweiten Mal ihren braun gebrannten Arm hin, der einem Stöckchen gleicht, und Oskar ergreift die Hand mit seinen zwei Fingern und empfindet eine große Rührung, als er merkt, wie verwirrt sie ist.

An einem Tag im Jahr 1936 sieht Oskar zum ersten Mal Hitlers Gesicht. Er steht mit Elvira vor dem Schaufenster, in dem die Zeitungen aushängen, und sieht Bilder von Hinke Berggrens Beerdigung. Gerade als Elvira sagt, dass sie glaube, eine der Frauen in den grauen Mänteln zu kennen, die den Katafalkwagen ziehen, und er ein undeutliches *Aha* murmelt, entdeckt er Hitler, der mit erhobenem Arm die Reihen junger Frauen in einem großen Stadion inspiziert.

Bilder von Hitler hat er schon früher gesehen, aber jetzt meint er, zum ersten Mal sein Gesicht wirklich wahrzunehmen. Die angespannten Kiefer, die niedrige Stirn mit den scharfen Falten.

Als sie weitergehen, passieren sie das Fenster der Sparkasse und teilen ein Erlebnis, ohne dass er es ahnt.

Sie schlendern langsam heimwärts und unterhalten sich, mit großen Pausen zwischen den Sätzen.

»Es ist kalt.«

»Ja.«

»Hast du daran gedacht, die Miete zu bezahlen?«

»Natürlich.«

»Halten die Schuhe?«

»Wieso halten?«

»Wirst du nass an den Füßen?«

»Nicht so schlimm.«

»Sie gehen bestimmt bald kaputt.«

»Nicht so schlimm.«

»Wollen wir hoffen, dass sie halten.«

»Der linke Schuh ist noch in Ordnung.«

»Komisch, dass nur der eine kaputtgeht.«

»Ja. Das ist sonderbar.«

Und wie all die anderen Arbeitslosen bewegen sie sich langsam aus den dreißiger Jahren hinaus und in einen Krieg hinein, der fast sechs Jahre dauern wird. An diesem Abend im Jahr 1936 ist Oskar achtundvierzig, und er geht an Elviras Seite, den Blick auf den Bürgersteig gerichtet.

Selten hat er über die Bedürfnisse seiner Familie hinausgedacht. Es hat ihn gefreut, dass sie leben konnten, ohne das Notwendigste missen zu müssen.

In den Nächten träumte er von den Fotos, die er hinter der beschlagenen Scheibe gesehen hatte. Er träumte von dem vergangenen Tag. Manchmal träumte er auch, dass er mit anderen Kindern herumlief und schrie und über morsche Bretter zwischen den Höfen kletterte.

Er wünschte sich nur das, an was er dachte, und glaubte an das, was er träumte.

An einem Nachmittag im Jahr 1937 klopft es bei Oskar an der Tür. Es ist wieder ein Sonntag, sie sitzen am Küchentisch und haben gerade gegessen.

Als Elvira öffnet, steht eine Person im Treppenhaus, die sie beide kennen. Es ist eine Frau von ungefähr vierzig Jahren, die an der Spitze des Tierschutzvereins aktiv ist. Der Verein ist sehr populär, seit er sich dafür eingesetzt hat, dass bestimmte Haustiere besser behandelt werden sollen. Die Frau ist mit einem Ingenieur der größten Textilfabrik der Stadt verheiratet, in der Elvira früher einmal gearbeitet hat.

»Ich hoffe, ich störe nicht. Guten Tag.«

»Bitte kommen Sie herein.«

»Danke. Ich bin gekommen, um Herrn Johansson um Hilfe zu bitten. Wie Sie vielleicht wissen, engagiere ich mich dafür, dass es unseren Haustieren etwas besser geht, vor allem den Katzen und Hunden.«

Sie spricht hastig und atemlos, während sie auf der äußersten Kante eines Küchenstuhls balanciert. Oskar sitzt auf dem Sofa, Elvira steht am Fenster.

»Nun wollen wir zu Ostern eine kleine Amateurrevue veranstalten, bei der wir mit unserer Tätigkeit an die Öffentlichkeit gehen möchten. Dabei werden wir verschiedene Handarbeiten und kunstgewerbliche Gegenstände verkaufen, die aktive Mitglieder oder Sympathisanten uns geschenkt oder an unseren wöchentlichen Arbeitsabenden hergestellt haben. Und wir stellen uns für diese Revue eine Nummer vor, in der wir die Schäden, die verantwortungslose Menschen ihren Haustieren zufügen, mit den Schäden vergleichen, die Menschen erleiden können. Da Sie, Herr Johansson, ja einmal einen schweren Unfall gehabt haben, der glücklicherweise glimpflich verlief, haben wir uns gedacht, dass man die Hilfe, die Sie bekommen haben, der Hilfe gegenüberstellen könnte, die den Tiere versagt bleibt. Das klingt vielleicht ein bisschen weit hergeholt und komisch, aber wir wissen, dass nur der Vergleich mit ihrer eigenen Situation die Menschen zu der Erkenntnis bringen kann, wie schlecht sie ihre Haustiere behandeln. Wir haben uns also eine kleine Episode vorgestellt, in der zuerst eine Katze einen Unfall hat und anschließend auf den Müll geworfen wird, und danach würden wir eine Episode bringen, in der Sie Ihren Sprengunfall erleiden, und zeigen, wie es anschließend den Ärzten gelang, Ihr Leben zu retten.«

Nach dieser schnellen Rede endet sie plötzlich abrupt. Als Oskar begreift, dass sie eine Antwort erwartet, bekommt er kein Wort heraus. Weshalb sie fortfährt.

»Herr Johansson, Sie würden nicht in den Theaterszenen mitwirken, sondern nur im Anschluss auftreten und eine Katze im Arm halten. Dann würden Sie einen Augenblick auf der Bühne stehen, danach würde der Vorhang fallen. Wir wären natürlich sehr dankbar, wenn Sie uns bei dieser Aktion behilflich wären. Natürlich können wir Ihnen nichts dafür bezahlen, aber es ist ja in höchstem Maß für einen guten Zweck.«

»Ja.«

»Ich weiß, dass Sie nicht Nein sagen werden.«

»Nein.«

Oskar sitzt auf der Küchenbank, Elvira steht am Fenster, und nach zehn Minuten ist die Sache abgemacht.

Während der beiden Proben hält Oskar einen Papierkorb in den Armen. Beim ersten Mal tritt er von rechts auf und steht elf Minuten im Scheinwerferlicht mitten auf der Bühne, weil die Zugseile des Vorhangs nicht funktionieren. Beim zweiten Mal steht er drei Minuten mit seinem Papierkorb da, und alles läuft wie geplant.

Bei der Premiere und den drei Vorstellungen betritt Oskar die Bühne mit einem kastrierten schwarzen Kater, der nur auf der Stirn einen weißen Fleck hat. Der Kater ist schwer, und Oskar drückt ihn gegen seinen Bauch. Als er die Bühne betritt, wird er von dem Licht geblendet und bemerkt, dass es im Publikum sehr still ist. Nachdem der Vorhang gefallen ist und das Licht ausgeblendet wird, verlässt Oskar die Bühne und legt den Kater in einen braunen Korb. Dann sitzt er gut eineinhalb Stunden auf einer schadhaften Leiter. Anschließend geht er mit den anderen Mitwirkenden hinaus und nimmt den Applaus entgegen.

Elvira sieht die letzte Vorstellung. Abends im Bett meint sie dann, das Ganze sei schon gut gewesen, aber Oskar hätte in dem starken Scheinwerferlicht schrecklich ausgesehen.

Noch nie zuvor hätte sie bemerkt, wie entstellt sein Gesicht wirklich sei. Dann fragt sie, ob der Kater schwer gewesen sei, denn es hätte so ausgesehen, und Oskar antwortet, das Tier hätte so viel gewogen wie ein Vorschlaghammer. Dann schlafen sie ein. Erst Oskar. Dann sie.

Zu Weihnachten desselben Jahres kommt ein Brief vom Tierschutzverein. Darin dankt man Oskar für seine Mitwirkung und teilt ihm mit, dass die Spenden zusammen mit den verkauften, kunstgewerblichen Gegenständen vierhundertfünfundneunzig Kronen und vierunddreißig Öre eingebracht hätten, was als Erfolg zu werten sei.

Viel später fragt Elvira einmal, wie der Kater geheißen habe. Oskar kann sich nicht erinnern, behauptet aber trotzdem, er hätte Nisse geheißen.

Das Plakat

Anfang April 1949 kauft Oskar ein Propagandaplakat. Es gehört zu den bekanntesten, verbreitetsten und am häufigsten
übersetzten, aber vermutlich ist es vor allem die wirkungs-
vollste Darstellung des kapitalistischen Systems. Das Plakat zeigt jene Pyramide, die zum ersten Mal um 1910 in den
USA gedruckt wurde.

Es ist eine durchgeschnittene Pyramide mit verschiedenen Ebenen. Ganz oben auf der Spitze steht ein Geldsack
wie aus dem Märchen, darauf prangen Dollarzeichen. Auf
der Ebene darunter drängen sich drei Personen. In der Mitte
ein König wie auf einer Spielkarte oder ebenfalls aus einem Märchen, rechts und links von zwei Staatsoberhäuptern
im Frack und mit Zylindern in den Händen flankiert. Auf
der nächsten Ebene der Pyramide stehen drei Priester. Ein
griechisch-orthodoxer, ein katholischer und ein lutherisch-
reformierter. Sie halten sich auf der Plattform weit vonein-
ander entfernt, ohne irgendeine Beziehung zueinander. Der
griechisch-orthodoxe Priester ist nach rechts gewandt und
hebt sein Kreuz. Der lutherisch-reformierte Priester steht
in der Mitte und schaut geradeaus. Der katholische Priester
blickt nach links. Alle drei haben den Mund geöffnet.

Auf der nächsten Ebene, genau in der Mitte der Pyramide,
stehen die Militärs. Zwei Kanonen mit Geschützrohren, ein
Offizier mit erhobenem Säbel und zwei gewöhnliche Soldaten, die in einer Angriffspose erstarrt sind. Infanterie und
Artillerie in amerikanischen Uniformen. Im Hintergrund
dieser drei Ebenen stehen jeweils zwei gotische Säulen und

tragen die Flächen. Die Wände bestehen aus großen Glasfenstern.

Auf der nächsten Ebene, der zweitgrößten und vorletzten, sitzen die reichen Bürger mit erhobenen Gläsern und scheinen dem Betrachter zuzuprosten. Sie wirken aufgekratzt, aber einige sind auch bereits am Tisch eingeschlafen. Das Tischtuch ist verschmiert, und das gesamte Bild vermittelt den Eindruck einer hemmungslosen Prasserei.

Und dann kommt die unterste Ebene, die Basis der Pyramide. Dort stehen die Arbeiter und tragen die Übrigen auf ihren Schultern. Hier drängen sich Fabrikarbeiter, Schmiede, Kinder, Frauen, Bauern und die Alten. Dieses Bild vermittelt eine ungeheure Kraftanstrengung. Auf der linken Seite sieht man rote Fahnen, die heftig flattern. Deren Träger sehen zu den Ebenen darüber hinauf. Einer der Männer blickt auf das Militär und ballt die Faust. Ein anderer schaut auf den Esstisch der reichen Bürger. Eine Frau starrt auf die Füße der Essenden. Aber keiner sieht weiter hinauf. Vorn im Bild, am rechten Rand, liegt ein Kind. Es ist nicht schwer zu erkennen, dass das Kind am Verhungern, vielleicht sogar schon tot ist. Ganz rechts steht ein Mann und hebt einen Spaten. Auch er schaut nach oben, aber es ist schwer zu sagen, worauf genau er seinen Blick richtet.

Oskar kauft das Plakat und hängt es in der Küche auf. Der Text ist englisch, aber die Botschaft des Bildes ist auch so überdeutlich.

We rule you, We fool you, We shoot at you. We eat for you. We work for all – und schließlich: We feed all.

Oft sitzen Oskar und seine Frau da und betrachten das Plakat. Nicht nur, weil sie jeden Tag viel Zeit in der Küche verbringen und das Plakat über der Küchenbank hängt, wo es schwer zu übersehen ist. Sondern auch, weil sie jedes Mal etwas Neues entdecken, ein neues Detail, eine neue Kombination. Rund um die Bilder entstehen Gedanken und Gespräche. Das Propagandaplakat wird zu einem Lehrbuch, sie benutzen es auf diese Weise. Es ist zugleich eine Herausforderung und ein Aufruf. Elvira sagt das einmal so: Sie hätte das Gefühl, als bräuchte sich nur noch ein Einziger auf die unterste Ebene zu stellen, um die ganze Pyramide zum Einsturz zu bringen. Dann sitzen sie lange da und lachen und sprechen über das Chaos, das entstehen würde. Wie die drei Reichen, die am Esstisch eingeschlafen sind, mit einem Schock erwachen würden. Wie die Splitter der Flaschen und Gläser auf die Priester und Soldaten fliegen würden. Dass die Kanonen explodieren und die Geldsäcke zerfetzen würden. Dass die Röcke der weiblichen Gäste bis über die Schenkel heraufrutschen würden und die Menschen, die die Pyramide so lange getragen haben, endlich die Schultern und Rücken strecken könnten.

»Das würde ein Knacken geben, wenn alle die Rücken durchdrückten. Es wäre der reinste Donner.«

Nach und nach verfestigt sich ihr Eindruck, dass diejenigen Menschen auf dem Plakat, die das gesamte Bauwerk tragen, absolut lebendig sind. Eines Abends im Bett sagt Oskar: »Sie stehen da draußen und tragen und tragen und tragen.«

Am 24. April 1949 feiern die Sozialdemokraten ihr sechzigstes Jubiläum. Im Konzerthaus in Stockholm findet eine große Parteiveranstaltung statt. Man lauscht dem Festspiel von August Söderman, und die ganze Tribüne ist mit Blumen geschmückt. Die Festlichkeiten gipfeln in den Demonstrationen zum 1. Mai, die ganz im Zeichen des Jubiläums stehen.

Oskar und Elvira machen sich schon früh auf den Weg. Sie brechen um halb neun auf, draußen ist es warm und still. Sie gehen aus der Stadt hinaus und folgen einem kleinen Pfad in den Wald. Dort im Schatten ist es kühler, und sie laufen rasch, dicht nebeneinander, um die Wärme im Körper zu halten. Der Boden ist trocken und knistert unter ihren Füßen. Sie reden nicht miteinander, sondern gehen nur Seite an Seite über den Kiesweg, folgen ihm vier Kilometer den leicht ansteigenden Bergrücken hinauf, bis der Weg endet und in einen Kahlschlag mündet. Dort liegen drei große Stapel rohes, unsortiertes Fichtenholz. Es duftet stark, und sie lehnen sich an einen der Stapel, vorsichtig, um ihre Kleidung nicht zu beschmutzen. So stehen sie da, die Augen geschlossen, der Sonne zugewandt.

Lange verharren sie dort, still und mit geschlossenen Augen, und lauschen dem Rauschen des Waldes.

Nachmittags gehen sie im Demonstrationszug mit, im hinteren Drittel. Die Demonstranten bilden Sechserreihen, und Oskar und Elvira singen mit, zweimal alle Strophen der »Internationale«, dann summen sie die Melodie der »Söhne der Arbeit«. Dabei achten sie genau darauf, in der Sechserreihe zu bleiben und mit den anderen im Gleichschritt zu bleiben.

Im Folkets Park spricht der Ortsvorsitzende, ein sechzigjähriger Metallarbeiter. Er ist die ganze Jubiläumsfeier über anwesend und zitiert Axel Danielsson, Branting und Ernst

Wigforss. Dabei geht es um keine anderen politischen Fragen als die Schaffung von Wohnraum und die Notwendigkeit weiterer Rentnerheime. Er spricht von kollektiven Waschküchen und endet mit dem Gewerkschaftskongress, der im kommenden Herbst die freie Gewerkschaftsinternationale in London konstituieren soll.

Während seiner Rede steht er auf der Musiktribüne, und er hat eine starke Stimme. Oskar und Elvira befinden sich ganz vorn am Podium, sie stehen still da, schauen hinauf und hören jedes Wort, das aus seinem Mund kommt.

Abends, als sie wieder in ihrer Küche sitzen und über die Demonstration sprechen, zeigt Oskar plötzlich auf das Plakat an der Wand.

»Aber wenn man es mit diesem Bild vergleicht, dann erkennt man, wie wenig tatsächlich getan wird.«

»Das kannst du doch nicht sagen.«

»Doch, das kann ich. Denn jetzt hat man den merkwürdigen Eindruck, als würden einige, die unten die Pyramide tragen, plötzlich zum Esstisch hochklettern dürfen, während ihre Plätze von anderen eingenommen werden. Und als würden die da oben, die Könige und Priester, sich vorbeugen und ihre Gesichter zeigen, sodass wir sie erkennen können. Aber die Pyramide bleibt eine Pyramide. Ich meine, diejenigen, die sie tragen, bekommen neue Kleidung, essen andere Kost, aber diejenigen, die immer noch ganz unten stehen und ihre Fahnen schwenken, bleiben dort unten, und diejenigen, die weiter oben sind, bleiben oben.

»Aber heute können sie doch nicht mehr einfach machen, was sie wollen.«

»Aber sie sind eben da oben.«

»Wie, da oben?«

»Na ja. Sie verdienen nicht weniger, weil wir ein bisschen mehr bekommen. Und sie haben nicht weniger zu bestimmen, weil wir ein bisschen mehr bestimmen, wenn wir es denn tun.«

»Aber wie könnte die Regierung denn dann irgendetwas bewirken? Und das tut sie doch.«

»Ich weiß nicht. Aber die da oben sind oben. Wo würden wir auf dem Bild stehen?«

»Unten natürlich.«

»Wie lange noch?«

»Es ändert sich nicht an einem Tag. Das kann man nicht verlangen.«

»Nein. Natürlich nicht.«

»Glaubst du mir nicht?«

»Es geht doch nicht darum, was ich glaube. Es geht darum, wie es ist.«

»Ja.«

»Trotzdem ist es so.«

»Wie denn?«

»Dass diejenigen, die oben sind, eben oben sind. Und wir hier unten. Wir sitzen da und starren auf die Wand über dem Sofa.«

»Es haben wohl nicht alle ein Plakat über dem Sofa?«

»Nein.«

»Ich verstehe nicht ganz, was du meinst.«

»Ich meine, dass wir durch die Ereignisse jetzt eigentlich nur klar sehen, wie es ist. Aber es hat sich nichts verändert.«

»Das stimmt doch nicht. Schau, wie wir wohnen!«

»Ja. Aber man könnte für das heutige Schweden keine andere Pyramide zeichnen. Das geht nicht. Höchstens ein paar andere Kleider, und Flugzeuge statt Kanonen.«

»Kanonen haben sie doch immer noch?«

»Es gibt jetzt mehr und mehr Flugzeuge.«

»Das macht es nicht besser.«

»Nein. Und die Pyramide ist die gleiche geblieben, dabei wurde sie schon 1911 gezeichnet. Das steht da unten in der Ecke.«

»Ich habe es gesehen.«

»Also stimmt irgendwas nicht. Und schnell geht es schon gar nicht.«

»Das ist doch klar.«

»Wieso? Mir kommt es sogar so vor, als ob es langsamer ginge.«

»Was soll man denn tun?«

»Vielleicht Kommunist werden.«

»Geht es dann schneller?«

»Das sollte es. Die sind doch direkter.«

»Aber es sind nicht genug.«

»Das können sie doch werden.«

»Daran glaube ich nicht.«

»Aber sie könnten.«

Das Plakat wird vor ihren Augen lebendig, und Oskar schaut auf diejenigen, die tragen und tragen und tragen.

»Domö sollte dieses Plakat haben.«

»Der Führer der Rechten? Warum denn?«

»Es könnte nicht schaden.«

»Meinst du das ernst?«

»Ja.«

»Aber er wird doch jetzt abtreten.«

»Tatsächlich?«

»Ich glaube schon. Irgendwo habe ich das gelesen.«

»Und wer kommt dann?«

»Das weiß ich nicht. Das wissen sie vielleicht selbst nicht.«

»Nein. Vielleicht nicht.«

Schließlich gehen sie schlafen, und das Plakat hängt weiter über dem Sofa.

Eines Nachts löst sich eine gelbe Reißzwecke, die in der rechten oberen Ecke des Plakats gesteckt hat. Als Oskar das morgens entdeckt, denkt er, jetzt ist die Pyramide doch eingestürzt. Um zu sehen, ob Elvira es bemerkt, dreht er das Plakat von unten nach oben. Erst am Abend sieht sie es, und sie lachen und hängen es wieder richtig herum auf.

Mittlerweile ist Oskar einundsechzig Jahre alt. Er beginnt, sich morgens müde zu fühlen, und sonntags schläft er gern bis um elf Uhr. Einmal denkt er, er sei krank, lässt sich aber nicht untersuchen. Manchmal sitzen sie beisammen und sprechen darüber, dass sie allmählich alt werden, und dann überfällt sie beide hin und wieder eine starke Angst davor, allein zurückzubleiben. Sie erwähnen es nie, aber sie fürchten jeder für sich, derjenige zu sein, der den anderen überlebt. Dieses Gefühl haben sie beide, und mit jedem Tag, der vergeht, wird es stärker und drängender. Aber sie sprechen nie darüber. Nur ganz selten reden sie über das Alter.

Zur gleichen Zeit, um 1950, überkommt Oskar gelegentlich eine Sehnsucht, sich häufiger in der Natur aufzuhalten. Seine Vorstellungen sind nicht detailliert oder exakt, aber immer gehört Wasser zu den Naturbildern, die er in Gedanken hervorruft. Es wechselt zwischen Flüssen und Meeresstränden, Waldteichen und Wildbächen. Aber Wasser ist immer dabei.

Er weiß nicht weshalb, aber eines Tages ist er sich plötzlich sicher, dass er alt werden wird. Das freut ihn, und immer öfter sieht er Naturbilder vor seinen Augen.

Aber sonntags schläft er trotzdem lieber lange, als hinauszugehen. Er liegt im Bett und sieht die Bilder vor sich. Nur ausnahmsweise, wie am 1. Mai, machen sie einen Waldspaziergang.

An einem Donnerstag wird Oskar gefragt, ob er aufhören und in Pension gehen wolle. Er ist überrascht, antwortet aber nach einigen Sekunden eindeutig mit Nein.

»Nein. Noch nicht, wenn es nicht nötig ist.«

Und nur einmal, am selben Abend, während er auf dem Küchenstuhl sitzt und einen der Schnürsenkel aufschnürt, fällt ihm die Hand herunter, und er starrt vor sich hin und denkt, vielleicht wäre es doch schön.

Aber noch will er ein paar Jahre arbeiten. Dabei spürt er jedoch, dass er so schnell wie möglich aufhören würde, wenn er nicht sicher wäre, alt zu werden.

Wie man Fotografien entwickelt

Im August 1958 sitzt Oskar vor seinem Radio und hört Lennart Hyland zu, der über die fantastische Stimmung berichtet, als Rikard Dahl über die auf 2,12 Meter liegende Latte gleitet. Dabei schafft er es ganz knapp, die Latte zittert, und ein paar Sekunden herrscht während der Europameisterschaft totale Stille. Als die Latte schließlich liegen bleibt, bricht ein gigantischer Jubel im Stadion von Stockholm aus, und Oskar kann hören, wie die Nachbarn über ihm auf den Boden stampfen und mit den Fäusten auf den Tisch schlagen. Oskar spürt sein Herz unter den Rippen klopfen, und er empfindet eine gewaltige Freude darüber, dass Rikard Dahl sich selbst übertroffen hat. Dass dies eine Goldmedaille für Schweden bedeutet, die vermutlich die einzige bleiben wird, daran denkt er nicht. Stattdessen steht er auf und misst an der Küchenwand, wie hoch 212 Zentimeter sind. Er ist erstaunt, als er das Ergebnis sieht.

Im Jahr 1958 hat Oskar in den Zeitungen viel über Sport gelesen und im Radio gehört. Oft hat man erklärt, dass es in diesem Jahrhundert wohl kaum ein zweites Sportjahr dieser Art geben wird. Immerhin haben eine Europameisterschaft in Leichtathletik stattgefunden und eine Fußballweltmeisterschaft, in der Schweden Zweiter wurde. Dem Verteidiger Sven Axbom ist Oskar einmal auf der Straße begegnet.

Aber Oskar ist nicht besonders an Sport interessiert. Er lässt sich von Stimmungen einfangen, von Erfolg und Misserfolg, doch oft kennt er nicht einmal die Regeln der verschiedenen Sportarten. Er muss über sich selbst lachen, als er entdeckt, dass ein Staffellauf nicht so funktioniert, wie er es sich vorgestellt hat: dass die Läufer beim Stabwechseln umkehren und wieder zurücklaufen.

In einem der ersten Spiele der Fußballweltmeisterschaft tritt Schweden gegen Ungarn an. Es ist ein ausgewogenes und spannendes Spiel, bei dem Schweden in der Mitte der zweiten Halbzeit mit zwei zu eins führt. Da beginnen die Ungarn Druck zu machen und die Initiative zu übernehmen. Lennart Hyland ist aufgeregt. Nach einem langen Sturm auf das schwedische Tor feuert der ungarische Mittelfeldspieler einen harten und gut platzierten Schuss ab. Kalle Svensson muss sich weit strecken, um mit den Fingerspitzen den Ball am rechten Torpfosten vorbeizusteuern. Oskar ist nervös, als der ungarische Eckball zurechtgelegt wird, und er beißt die Kiefer zusammen. Da spürt er, wie es in den Eckzähnen des Oberkiefers knirscht … Er schiebt den Daumen in den Mund und stochert einen halben Zahn heraus, den er auf die Tischdecke legt. Ein starkes Ziehen sagt ihm, dass der Nerv bloß liegt.

Tags darauf geht er zum Zahnarzt, der den Rest des Zahnes zieht und den Nerv abtötet. Bei der Gelegenheit untersucht er auch Oskars übriges Gebiss und erklärt dann, dass sich die Zähne im Ober- und Unterkiefer gelockert haben und die Krankheit zu weit fortgeschritten ist, um sie ohne chirurgischen Eingriff zu behandeln. Der Zahnarzt nennt die Kosten, und Oskar antwortet, diese Summe könne er unmöglich aufbringen. Als er fragt, wie lange er seine Zähne noch behalten könne, antwortet der Zahnarzt, der Verlust würde wohl sehr bald eintreten. Als Oskar die Praxis verlässt, bekommt er eine Broschüre mit, in der beschrieben wird, wie man mit künstlichen Zähnen umgeht. Oskar setzt sich an den Küchentisch und studiert das Heftchen gründlich. Er versucht sich vorzustellen, wie es wohl sein mag, ein Gebiss zu tragen, und ihn befällt ein unangenehmes Gefühl. Er legt die Broschüre zur Seite, und ihm ist klar, dass er niemals ein Gebiss haben will. Lieber ist er zahnlos. Den restlichen Tag über empfindet er ein großes Unbehagen angesichts der Tatsache, dass sein Körper zu verfallen beginnt.

Abends legt er seine Kleidung ab, zieht die Vorhänge zu und setzt sich nackt auf einen Stuhl mitten im Zimmer. Dann untersucht er seinen Körper gründlich. Er zwickt sich und kratzt mit dem Nagel des Mittelfingers über die Haut. Er streckt und spannt die Zehen an und versucht, sich in verschiedene Richtungen zu dehnen und zu beugen. Er fühlt den Puls an der Halsschlagader, hält sich zunächst das eine, dann das andere Ohr zu, und er horcht nach Geräuschen in den Nachbarwohnungen.

Als er mit seiner Untersuchung fertig ist, stellt er zu seinem Erstaunen fest, dass er über eine Stunde lang nackt auf dem Stuhl gesessen hat. Es fällt ihm schwer zu glauben, dass so viel Zeit verstrichen ist. Oskar zieht sein Nachthemd an und geht zu Bett. Mit den Bildern vor seinem inneren Auge liegt er da, und an diesem Abend sieht er ein Meer, das blaugrün und ganz still ist, und er versucht, verschiedene Erinnerungen wachzurufen. Bald schläft er unter seinen Bildern ein.

Ein paar Jahre zuvor gab es im Land eine totale Sonnenfinsternis, die großes Aufsehen erregte, da sich solch ein Ereignis nicht so bald wiederholen würde. Die Sonnenfinsternis wurde zu einem heiligen Augenblick, der weniger als eine Minute währte.

Wie alle anderen bereitete sich Oskar auf den Tag vor. Rechtzeitig besorgt er sich ein rußgeschwärztes Glas, das er vor das Auge halten will, während er zusieht, wie sich die Mondscheibe vor die Sonnenscheibe schiebt. Mit zunehmender Spannung verfolgt er die Diskussionen der Meteorologen darüber, ob die Sonnenfinsternis hinter einer dicken Wolkendecke stattfinden oder auf der Erde sichtbar sein wird.

Am Morgen ist er früh auf den Beinen. Er steckt das rußgeschwärzte Glas, das er in ein Schnupftuch gewickelt hat, in die Tasche und folgt dem Kiesweg in den Wald hinein. Im Gehen denkt er daran, wie er mit Elvira hier entlanggelaufen ist. Der Gedanke macht ihn ein wenig wehmütig, aber gleichzeitig ist er froh, dass er immer noch am Leben ist und die aufsehenerregende Sonnenfinsternis sehen wird. Er bleibt auf der Lichtung stehen und schaut den vereinzelten Wolken nach, die über den Himmel gleiten. In die andere Tasche hat er einen Wecker gesteckt, den er nach dem Radio gestellt hat. Ihn platziert er nun auf einem Baumstumpf und setzt sich auf einen kleinen Holzstapel. Es ist warm, und Oskar blinzelt in die Sonne, allein und in Erwartung des bemerkenswerten Augenblicks.

Er folgt den Zeigern des Weckers mit dem Blick, und als der Zeitpunkt heranrückt, steht er auf. Er hat den Wecker auf eine Viertelstunde vor Eintritt der Sonnenfinsternis gestellt, und als er klingelt, hält ein Eichhörnchen erstaunt in seinem Klettern an einem Kiefernstamm inne. Vorsichtig wickelt

Oskar das rußgeschwärzte Glas aus dem Taschentuch, richtet den Blick zum Himmel und hält sich das schwarze Glas vors Auge.

So steht er da und verfolgt die gesamte Sonnenfinsternis. Ihn schaudert ein bisschen, als es am helllichten Tag dunkel wird. Oskar bewegt sich nicht, und er kann die Uhr neben sich ticken hören.

Als das Spektakel vorbei ist und er sein Taschentuch, das geschwärzte Glas und den Wecker einpackt, ist er froh, dass er dieses bemerkenswerte Ereignis erleben durfte. Er geht auf dem Kiesweg zurück zur Stadt und denkt, dass in diesem Augenblick, als die Sonnenfinsternis total war, die Zeit nicht mehr vorwärtsschritt, sondern nur zunahm und an Breite gewann. Und er denkt, wie schön es wäre, wenn sich die Zeit immer so verhielte. Aber ihm ist klar, dass das nicht möglich ist. Als er nach Hause kommt, wirft er das geschwärzte Glas und das verschmutzte Taschentuch im Hof in die Mülltonne.

Im darauffolgenden Jahr bringt das Lokalblatt einen eingehenden Bericht darüber, wie Fotografien entwickelt werden. Oskar liest den Artikel mehrmals, ehe er ihn auf den Tisch legt.

Dann überlegt er, dass seine Gedanken und Träume dem Entwicklungsprozess ähneln, von dem er gerade gelesen hat. Wie das scharfe, aber nicht detaillierte Negativ langsam zu einem reichhaltigen und exakten Abbild eines Augenblicks, einer Situation oder vielleicht auch einer Stimmung wird. Genau so funktioniert sein Gehirn, und Oskar reißt den Artikel heraus und legt ihn in die Küchentischschublade.

In den fünfziger Jahren sind es vor allem vier Ereignisse, die Oskars politische Haltung prägen. Und drei davon sind auch für die Allgemeinheit wichtig und entscheidend, obwohl die fünfziger Jahre fälschlicherweise als Zeit des Stillstandes gelten, als ein politisches Vakuum. Die drei Ereignisse sind die Entwicklung der Atombombe und die Diskussionen darüber, ob Schweden sich eine solche Waffe beschaffen soll, der Aufstand in Ungarn 1956 und die Suez-Krise. Das vierte Ereignis für Oskar ist die Tatsache, dass ein Hochhausgebiet in seinem Viertel geplant wird, weshalb er im Dezember 1959 aus seiner Wohnung ausziehen muss.

Die Atombombe hat Oskar erschreckt. Als er las, welche enormen Opfer jede einzelne Bombe forderte und welche gigantischen Atomvorräte bereits von den Großmächten angelegt wurden, konnte er eine fast panische Angst empfinden. Oskar las nur das Lokalblatt, aber dort wurde oft aus anderen Zeitungen zitiert, und er verfolgte die Debatte mit wachsendem Missmut, der sich mit einem immer stärkeren Ärger über das Agieren der politischen Parteien mischte. Oskar las die Worte des Chefredakteurs von *Dagens Nyheter*, die in seiner Zeitung zitiert wurden. Und er freute sich für einen kurzen Moment über Östen Undéns relativ deutliche Stellungnahme gegen Atomwaffen, trotzdem fand er die Worte des Außenministers unzureichend.

Einen nachhaltigen Schrecken jagte Oskar außerdem eine Reportage über die beiden Bomben ein, die im Sommer 1945 über Japan abgeworfen worden waren. Erst fünfzehn Jahre später las er, dass die beiden Atombomben Mädchennamen getragen hatten.

Diesen Bericht vergaß er nie, und er führte bei ihm zu einem starken Misstrauen gegenüber Amerika, welches sich später während des Vietnamkriegs noch auswachsen sollte.

Zugleich war die Haltung gegenüber der Atombombe definitiv der Grund für Oskars Austritt aus der sozialdemokratischen Partei. Als er sie verließ, empfand er manchmal Trauer darüber, aber es gab kein Zurück, und er trat der neuen Partei bei.

Der Aufstand in Ungarn kam für Oskar wie ein Schock. Als er von den Panzern in den Straßen von Budapest erfuhr, von diesem irrsinnigen Kampf, und die erregten Stimmen hörte, die erschreckende Berichte von dem brutalen Angriff lieferten, machte ihn das ganz verzweifelt. Er schaltete das Radio an, um es in der nächsten Sekunde wieder auszumachen. Er lief rastlos im Zimmer herum, öffnete das Fenster, setzte sich vors Radio und sprang dann heftig wieder auf, um das Fenster zu schließen.

Was ihn noch darin bestärkte, seine politische Haltung zu ändern, war die Suez-Krise. Die Ursachen des Krieges verstand er zwar nie vollständig, aber die Beschreibungen des Leidens der Zivilbevölkerung trafen ihn hart.

Ende der fünfziger Jahre soll das Viertel, in dem Oskar wohnt, abgerissen werden und großen Hochhäusern Platz machen. Dies ist für Oskar das vierte und vielleicht wichtigste Ereignis in dieser Zeit.

An einem Nachmittag, als er mit seinem in Zeitungen gewickelten Abfall in den Hinterhof tritt, steht die Mülltonne mitten im Hof. An ihrem üblichen Platz sind zwei Männer dabei, irgendwelche Vermessungen vorzunehmen. Oskar bleibt für einen Moment zögernd stehen, ehe er sein Müllpaket in die Tonne steckt. Dann geht er zu den beiden Männern und fragt, was sie da täten.

»Wir machen Berechnungen für die neuen Gebäude.«

»Soll es hier neue Gebäude geben?«

»Ja. Die beiden Blocks hier sollen weg.«

»Davon habe ich noch nichts gehört.«

»Die Pläne sind noch nicht veröffentlicht, aber es ist beschlossene Sache.«

»Was ist beschlossen?«

»Dass hier neu gebaut wird.«

»Und wir?«

»Wie bitte?«

»Wir, die Bewohner?«

»Euch wird man wohl andere Wohnungen zur Verfügung stellen. Aber Genaues wissen wir nicht. Die Viertel gehören der Stadt, und es ist ihre Pflicht, die Mieter darüber aufzuklären, was mit ihnen geschieht.«

Langsam und stumm steigt Oskar die Treppen hinauf.

Zwei Monate später bekommt Oskar die Kündigung, zusammen mit der Mitteilung, dass ihm eine Mietwohnung in einem Vorort zur Verfügung gestellt wird, drei Kilometer außerhalb der Stadt. In dem Brief heißt es, der Auszug habe spätestens am 30. November des Jahres zu erfolgen. Für weitere und genauere Auskünfte soll sich Oskar mit Herrn Evertsson im Wohnungsamt der Stadt in Verbindung setzen.

Im Wohnungsamt muss Oskar vierzig Minuten warten, bis Evertsson kommt. Er schaut Oskar lange an, ehe er ihn in sein Büro bittet. Die Tür zum Flur lässt er offen und setzt sich hinter seinen Schreibtisch.

»Es war nicht besonders schwierig, für Herrn Johansson eine neue Wohnung zu finden. Wir sind davon ausgegangen, dass Herr Johansson ungefähr dieselbe Wohnfläche haben möchte wie bisher.«

»Ich will nicht umziehen.«

»Das möchte wohl niemand. Aber wir müssen uns ja alle positiv darauf einstellen, dass der Wohnungsbau jetzt endlich in Gang gekommen ist. Und der verbesserte Standard ist schließlich auch wichtig. Beispielsweise für Familien mit Kindern.«

»Muss wirklich dort gebaut werden, wo ich wohne?«

»Die Stadt sieht das Gebiet als geeignet an. Es liegt ja vor allem sehr zentral.«

»Genau. Gerade deshalb möchte ich weiterhin dort wohnen.«

Oskar ist kurz davor, auf seine Behinderung hinzuweisen, aber er schweigt.

»Sie erhalten Unterstützung für den Umzug.«

»Und die Miete?«

»Die ist fürs nächste Jahr noch nicht festgelegt, aber etwas höher muss sie ja werden, im Hinblick auf den neuen Standard.«

»Wie kommt man denn dort hin?«

»Buslinien sind in Planung.«

»Aha.«

»Ja. Gibt es noch etwas, das Sie wissen möchten?«

»Wie werden die Häuser aussehen?«

»In ein paar Wochen werden Planzeichnungen und Skizzen im Foyer des Rathauses ausgestellt. Dort können Sie sich dann ein Bild von dem gesamten Gebiet machen, einschließlich der einzelnen Wohnungen.«

»Aha.«

»Man kann hingehen und es sich anschauen.«

»Aha.«

Als Oskar das Foyer betritt, ist er der einzige Besucher. In der dunkelsten Ecke des großen Saals sind an Stellwänden mit Reißzwecken zahlreiche Zeichnungen befestigt. Er geht zu ihnen hin und sieht sofort, dass es keine ordentlichen Bilder von dem zukünftigen Wohngebiet gibt. Hier hängen nur Bauzeichnungen und verschiedene Kostenvoranschläge. Hinter sich hört er in fernen Korridoren Schritte hallen und das Klappern auf dem Steinboden. Eine Weile bleibt er stehen und betrachtet die abstrakten, unbegreiflichen Zeichnungen. Er sieht die schwarzen Linien sich zu Labyrinthen verbinden und erkennt Zahlen mit merkwürdigen Zeichen dazwischen.

In diesem Moment fühlt sich Oskar betrogen, und er wird wütend. Er sieht sich um, nimmt rasch eine der Zeichnungen von der Stellwand und dreht sie auf den Kopf. Dann holt er einen Bleistift aus der Tasche und fügt hier und da eine Null und einen Buchstaben in die verschiedenen Berechnungen ein. Er bemüht sich, die Zahlen so glaubwürdig wie möglich erscheinen zu lassen, und hört nicht auf damit, ehe er zufrieden ist.

Dann geht er davon.

Ein paar Tage später liest er im Lokalblatt, dass sich im Zusammenhang mit einem Studienbesuch aus Finnland ein unangenehmes Missgeschick ereignet habe. Die finnischen

Gäste wurden von einem der Stadtarchitekten durch das Rathaus geführt, und als die im Foyer ausgestellten Zeichnungen für den neuen Stadtteil Hamnborgen gezeigt werden sollten, entdeckte der Architekt, dass einer der Pläne verkehrt herum hing. Der Schaden wurde natürlich sofort behoben. Offenbar hatte hier ein Besucher seinem seltsamen Humor Ausdruck verliehen. Das Wohnungsamt hielt es jedoch nicht für notwendig, weitere Maßnahmen zu ergreifen, nur sollte ein Wächter die Zeichnungen in Zukunft regelmäßig kontrollieren.

Noch an manchen anderen Morgen sucht Oskar in der Zeitung eine Bestätigung dafür, dass auch die Zahlensabotage entdeckt worden wäre. Aber darüber wird nichts berichtet. Also geht Oskar eines Tages zum Rathaus und stellt fest, dass die Zeichnungen entfernt und durch eine Fotoausstellung über die neu eingeweihte Stadtbibliothek ersetzt wurden.

Die Episode mit den Zahlen, die Oskar gefälscht hat und die nicht entdeckt wurden, bekommt für ihn eine entscheidende Bedeutung. Er erlebt die große Willkür und die Macht, die Beamte und Techniker sich angemaßt haben. Er sieht, dass die meisten ihre Karriere auf eine sozialdemokratische Parteizugehörigkeit bauen. Und da will er nicht mehr mitmachen.

Während dieser Zeit Ende der fünfziger Jahre, nachdem Oskar allein zurückgeblieben ist, spricht er selten mit anderen Menschen. Er hält Kontakt mit seinen Kindern, aber er pflegt sonst keinen Umgang und hat auch kein Bedürfnis danach. Für ihn ist die Stille wie ein geräumiger und gemütlicher Ort, an dem er denken, träumen und vor seinem inneren Auge Naturbilder hervorrufen kann. Er schafft sich einen einfachen und effektiven Tagesablauf, und er fühlt sich wohl damit.

An Silvester 1959 steht er am offenen Fenster. Draußen ist es kalt, und er blickt von seiner Wohnung im dritten Stock des Hauses, in das er umziehen musste, auf die Stadt hinaus. Aus der Ferne hört er die drei Kirchen der Stadt Mitternacht schlagen. Dann fangen die Leute auf dem Balkon unter ihm an, Raketen abzufeuern, und da schließt er das Fenster und setzt sich in die Küche. Das Plakat hat er mit Klebeband über dem Sofa befestigt. Jetzt sitzt er still da und lauscht den Geräuschen, die durch die Wasserleitungen und vom Boden und der Decke kommen. Dort, wo er früher gewohnt hat, war es auch hellhörig. Aber jetzt hat er das Gefühl, dass die Geräusche, die durch den Beton dringen, kälter und schärfer und vor allem negativ sind. Manchmal fühlt er sich wie ein Lauscher, jemand, der etwas hört, es aber eigentlich nicht sollte. In seiner früheren Wohnung hatte er dieses Gefühl nie. Da wurde die Hellhörigkeit als eine Selbstverständlichkeit akzeptiert, und man passte seine Geräusche und Bewegungen dementsprechend an. In dem neuen Haus dürfte es keine Hellhörigkeit geben, zudem sind die Geräusche hier bedrohlich und fremd.

Er wohnt im dritten Stock, kennt seine Nachbarn nicht, und er fühlt sich nicht wohl. Die meiste Zeit verbringt er in dem Bemühen, diese Wohnung gegen eine in der Stadt einzutauschen.

Eineinhalb Jahre lang wohnt er in dem Haus, Tornvägen 9, bis sein Sohn eines Tages mit der Nachricht zu Besuch kommt, dass er für ihn eine Wohnung in der Stadt gefunden hat. Oskar sagt zu, ohne die Wohnung auch nur zu besichtigen, und einen Monat später ist er umgezogen. Es wird die letzte Wohnung seines Lebens sein. Von Frühjahr bis Herbst jedoch zieht er in seine Sauna in den Schären.

So tritt Oskar in die sechziger Jahre ein. Aus den Fünfzigern bleiben ihm seine Einsamkeit, die neu ist, und seine Parteizugehörigkeit, die sich geändert hat. Aber das Wichtigste für ihn selbst ist, dass seine Sehnsucht nach der Natur und dem Meer gestillt wurde.

Doch die ganze Zeit über hat er die feste Gewissheit und das Zutrauen in seine eigene Rolle, dass er nie etwas Besonderes gewesen war oder werden würde, sondern nur einer, der Ende des letzten Jahrhunderts dieselben Spiele gespielt hatte wie alle anderen Kinder. Er war gerannt und hatte geschrien und war über die Bretterzäune zwischen den Höfen geklettert. Und immerzu, sein ganzes Leben lang, kehrt er zu diesem Selbstgefühl zurück. Für ihn ist es der Ausgangspunkt und zugleich das Fazit seines Lebens. Er vermisst nichts. Als seine Sehnsucht nach dem Meer endlich gestillt ist, ist er zufrieden.

Aber die Veränderungen der Gesellschaft verfolgte er weiterhin, und er meinte, er wäre zwar anwesend, hätte aber keinen Anteil daran. Er leugnete keineswegs, dass er Verantwortung und Pflichten hatte, aber er bewertete auch nicht seine Rolle in dem Ganzen, nicht einmal bei Einzelheiten. Er hat gelebt und gearbeitet und seine Ansichten gehabt, die Parteizugehörigkeit gewechselt und im tiefsten Inneren seine Wünsche und Träume gehegt.

Das Plakat wird mit den Jahren immer poröser, und eines Tages sind die Ecken so brüchig, dass alle Reißzwecken zu Boden fallen. Da rollt Oskar es zusammen und knotet eine Schnur darum. Dann legt er es auf ein Regal und holt es nie wieder herunter.

Und Oskar lebt weiterhin mit seinen Gedanken und Träumen, die er mit dem Prozess vergleicht, wie man Fotografien entwickelt.

Bei einer einzigen Sprengung.
Und Grüße von mir

Harstena, 3. Heiter bis wolkig.

»Genau so ist es.«

Oskar drückt auf die Taste des Transistorradios.

»Ich brauche neue Batterien. Kannst du welche kaufen?«

»Ja natürlich.«

Es ist Mitte Mai. Frühjahr 1966.

»Elvira hat ja fast ihr ganzes Leben lang gekellnert. Sie war auch immer in demselben Lokal. Du kennst es sicher. Eine Bierkneipe unten an der Eisenbahn. Erst hieß sie zehn Jahre lang Tunnan. Dann hat sie ein anderer Wirt übernommen, drei neue Tische gekauft und das Lokal Café Paradiset genannt. Wir haben oft darüber gelacht. Zu der Zeit gefiel es Elvira am wenigsten. Der Besitzer wollte etwas Feineres daraus machen, die Bierdimpfel weghaben und andere Gäste anlocken. Aber dann kamen gar keine mehr. Er verkaufte das Lokal, und es bekam einen neuen Besitzer. Das geschah schon nach drei Jahren. Der nächste kaufte neue Stühle und nannte das Lokal wieder Tunnan. Da ging es Elvira wieder gut dort. Sie kannte die Stammgäste und wusste, was die wollten. Meistens Bier. Kaffee und Butterbrote. Sie machten ja früh auf, um sechs Uhr, weil Frühstück serviert werden sollte. Also stand Elvira ihr ganzes Leben lang um fünf Uhr morgens auf. Sie arbeitete auch weiter, als wir Kinder bekamen. Immer war sie arbeiten. Als die Kinder klein waren, nahm Elvira sie mit. Dann durften sie im Büro hinter der Küche spielen. Keiner sagte deswegen etwas.

Um den Tag zu schaffen, ging Elvira abends früh zu Bett, als sie älter wurde, schon um neun Uhr. Ich blieb immer noch eine Weile wach.

Sie mochte ihre Arbeit sehr. Zwar war sie schlecht bezahlt, aber Elvira hatte die Kumpels gern. Sie arbeitete von 1919 bis zu ihrem Tod.

Eines Tages fing sie beim Abendessen an zu weinen. Ich fragte sie nach dem Grund, und da sagte sie, wie es war. Dass ihre Augen in nur wenigen Wochen viel schlechter geworden waren. Wir gingen zum Arzt, und der erklärte, sie hätte auf beiden Augen den grauen Star. Sie sollte zwar behandelt werden, aber man konnte ja nie wissen. Es wurde dann ja auch nicht besser, aber auch nicht schlechter. Ein paar Tage vor ihrem Tod sah sie gar nichts mehr, aber das lag an der Gehirnblutung. Davor war sie in ihrem ganzen Leben nie krank gewesen. Sie lachte oft, und die Männer mochten sie. Viele meiner Arbeitskollegen gingen in das Café, und sie sagten immer, Elvira sei so gut. Es war ihr gleich, ob jemand ein bisschen betrunken war, und wenn jemand randalierte, setzte sie ihn einfach vor die Tür. Sie hatte keine Angst.

Im letzten Winter wurde das Café geschlossen, und sie haben wohl ein Pub daraus gemacht. Jetzt werfen sie dort mit Pfeilen und trinken Bier.

Sonntags hatte das Café zu, und samstags blieben wir ein bisschen länger auf. Aber wir gingen nie aus. Uns gefiel es zu Hause. Als die Kinder noch bei uns wohnten, war das selbstverständlich. Wir hörten Radio, zum Beispiel die Sendung *20 Fragen* und das Familienprogramm *Snurran* oder hin und wieder einen Krimi. Später kam das Fernsehen.

146

Manchmal ging ich sonntags mit meinem Jungen zum Fußball. Er interessierte sich sehr dafür. Das tut er immer noch. Mir machte es nie richtig Spaß, aber seinetwegen ging ich hin.

Dann fingen die Kinder an, abends auszugehen, und wir blieben auf und warteten, bis sie nach Hause kamen. Aber keines von ihnen schlug über die Stränge. Das haben Elvira und ich oft zueinander gesagt. Es hat uns gefreut.

Als Elvira gestorben war, wurde es sehr einsam. Ich versuchte, alles so zu machen wie früher. Behielt die Topfblumen und goss sie regelmäßig, obwohl es sich irgendwie falsch anfühlte. Aber ich habe nichts verändert. Wenn ich hier draußen bin, kommt ein Nachbar sie gießen.

Weder Elvira noch ich glaubten an Gott. Als wir klein waren, hatten wir Angst vor ihm wie alle anderen damals. Aber als wir Sozialisten wurden, verschwand Gott. Zu Elviras Begräbnis kam ein Pfarrer, aber das war etwas anderes. Keines unserer Kinder wurde konfirmiert. Sie wollten es wohl, sie wollten Geschenke bekommen wie alle anderen. Aber wir sagten Nein. Sie gingen auch nie in die Sonntagsschule. Allerdings waren sie bei den Pfadfindern. Das hat ihnen Spaß gemacht.

Jetzt lege ich im Winter meistens Patiencen und schaue Fernsehen. Es gibt viele gute Sendungen. Ich kann den ganzen Abend davor sitzen, und ich finde, dass ich etwas dabei lerne. Letzten Winter hatte ich den Apparat auch vormittags an, wenn es Sendungen für Schüler gab. Es macht Spaß, etwas zu lernen.

Einmal fand ich im Müllraum ein englisches Buch. Ich habe versucht, es zu lesen, aber es ist mir nicht gelungen.

Im Alter passiert es leicht, dass man auf die Jungen eifersüchtig wird. Man möchte doch leben und Anteil nehmen. Viele schimpfen wohl deshalb auf die Jungen, weil sie eifersüchtig sind. Das muss man verstehen, es ist ganz natürlich. Niemand will alt werden und auf dem Altenteil landen, mit kranken Beinen und einem hüpfenden Herzen. Ein Stockwerk über mir wohnt ein altes Paar, die beiden waren Missionare in Afrika. Jetzt stehen bei ihnen in jedem Zimmer Pillenschachteln, falls sie in der Küche oder im Bad umkippen. Sie gehen nie aus, und ich habe noch nie mit ihnen gesprochen. Früher wurden die Alten vom Staat schlecht behandelt. Jetzt werden sie sowohl vom Staat wie von ihren Angehörigen schlecht behandelt. Es ist hässlich, alt zu werden. Aber alt ist der Mensch wohl immer schon geworden.

Ich habe sehr große Angst vor dem Sterben. Am schlimmsten ist es abends, bevor ich einschlafe. Dann kommt mir manchmal der Gedanke, dass ich nie wieder aufwachen werde, und das ist schrecklich. In der Früh denke ich nicht daran.

Mit zwanzig dachte ich, dass nach dem Tod nichts bleibt. Einfach nichts. Man wird zu Erde und Gras. Zehn Jahre später hoffte ich, es gäbe vielleicht etwas anderes. Und dann glaubte ich, dass man als ein anderer Mensch wiedergeboren werden würde. Meine Vorstellungen haben sich immer wieder geändert. Heute denke ich, dass das Leben doch nicht so schön ist, dass man es noch einmal haben will. Aber auch das kann sich ändern. Außerdem hat man die Kinder, und irgendwie lebt man ja auch in ihnen weiter.

Ein einziges Mal sind Elvira und ich verreist. Das war 1950. Wir haben eine zweiwöchige Busreise nach Österreich gemacht. Ich weiß nicht, warum wir dahin gefahren sind, es ergab sich einfach so. Elvira und ich waren die einzigen Arbeiter, mit den anderen Reisenden hatten wir kaum Kontakt. Aber es machte Spaß, mal herauszukommen.

Überall sah man noch die Spuren des Krieges, und die Leute waren sehr arm. Ich glaube, wir haben das meiste Geld an Bettler gegeben. In Wien haben wir ein sehr schönes Schloss besichtigt. Wir liefen herum und aßen und hatten Spaß. Elvira war gar nicht ängstlich. Obwohl keiner von uns die Sprache beherrschte, konnte sie sich immer verständlich machen und erklären, was wir haben wollten. Und sie lachte die ganze Zeit. Wir haben viele Postkarten gekauft auf dieser Reise. Elvira hat auch Notizen in einem Kalender gemacht. Nach ihrem Tod, als ich die Schubläden aufräumte, fand ich die Sachen. Ich las die Notizen, dann warf ich alles weg. Es war zu traurig. Das Einzige, was ich behalten habe, war ein Foto, auf dem Elvira und ich irgendwo in Deutschland vor einer Kirche stehen. Ein Fotograf hat es aufgenommen und wollte uns das Bild später schicken. Wir haben es bezahlt, aber nicht so recht daran geglaubt, dass wir es bekommen würden. Aber im Herbst traf es ein. Wie fein, dass er uns nicht betrogen hat. Das Bild wird allmählich ein bisschen sonderbar. Es fängt an, sich aufzulösen. Aber ich behalte es. Von dieser Reise habe ich nur in Erinnerung, dass die Leute dort es sehr schwer hatten. Man muss hoffen, dass es da unten auch Sozialisten gibt.

Sonst sind wir nirgendwo hingefahren. Wir konnten es uns ja nicht leisten.

Wir haben beide gearbeitet, aber wir gaben das ganze Geld für die Kinder aus. Sie sollten es gut haben. Einmal hat Elvira gesagt, dass sie und ich zusammen in einem Monat nur die

Hälfte von dem verdienten, was ein mittelmäßiger Sänger für einen Abend im Volkspark bekam. Das ärgerte uns. Aber wir waren inzwischen alt. Wären wir jünger gewesen, hätten wir wohl weitergekämpft.

Die schändlichste Entwicklung bei den Sozialdemokraten ist die Tatsache, dass sie den Sozialismus zu einer Art Organisation für überflüssige Beamte gemacht haben, die sich auf Kosten der Arbeiter bereichern. Es gibt einen Eingang in diesen Staat, und es gibt einen Ausgang, aber was dazwischenliegt, wissen wir nicht.

Es ist schiefgelaufen. Gänzlich schiefgelaufen. Man kann es nicht mehr korrigieren. Das hat die Jugend begriffen, und deshalb bin ich zuversichtlich, denn sie werden den Sozialismus früher oder später einführen. Oder er kommt von außen. Man sieht ja, dass die Welt auch hier eine Veränderung erzwingen wird. Das ist unvermeidlich. Jedes Mal, wenn irgendwo eine Revolution stattfindet, freue ich mich. Dann kann ich auf meinem Bett liegen und träumen, dass ich dabei wäre. Und irgendwie bin ich das ja auch.«

1962 schreibt Oskar einen Leserbrief an eines der Lokalblätter. Er setzt sich dafür ein, dass die Rentner eine höhere Volkspension erhalten sollten, um einigermaßen über die Runden zu kommen. Der Leserbrief ist kurz und klar. Oskar unterschreibt mit Namen und Adresse. Er ist einer der wenigen, die das tun. An diesem Tag ist er der Einzige.

»Einmal bin ich in einen Buchladen gegangen und habe eine Weltkarte gekauft. Viele Tage lang habe ich darüber gesessen und bin ein Land nach dem anderen durchgegangen. Es gab mehrere Länder, von denen ich noch nie etwas gehört hatte. Seitdem habe ich die Karte immer vor mir, wenn ich Fernsehen schaue.

Vilhelm Mobergs Bücher habe ich auch gelesen. Sie sind gut. Wie Geschichtsbücher, nur spannender. Natürlich berührten sie einen. Die Menschen, von denen er spricht, sind ja nichts Besonderes. Sie sind wie alle anderen. Aber man erfährt, was sie alles erlebt haben. Es sollten mehr solche Bücher geschrieben werden. Die Leute durften ja all die Jahrhunderte hindurch die Stimme nicht erheben, dabei sind sie es doch, die sich durchschlagen mussten und geschlagen wurden. Man sollte mehr darüber schreiben, wovon die Leute nur flüstern durften.«

Ein Lansen-Flugzeug donnert im Tiefflug vorbei und übertönt Oskars Worte. Er verstummt.

»Einmal war ich bei einer Fernsehsendung dabei. Ich saß im Publikum. Wir waren um die fünfzig Leute, aber ich wurde wütend, als sie sagten, wir sollten auf Kommando lachen, wenn sie einen Witz machten. So will ich nicht behandelt werden. Später erzählte mein Junge, dass es eine Großaufnahme von mir gegeben hätte, auf der man meine Schäden sehen konnte. Das Auge und den Arm. So machen die das.«

»Es gefällt mir nicht, dass der Junge sich Direktor nennt, seit er eine Waschmaschine gekauft hat und für andere Leute wäscht. Früher haben sich die Waschfrauen doch auch nicht Direktorinnen genannt, obwohl sie ihr ganzes Leben lang stehen und waschen mussten. Oder alle, die die Scheiße von anderen wegwischen. Das Wort an sich macht mich schon wütend. Jetzt hat er zwar einen großen Waschsalon, aber er sollte sich trotzdem nicht Direktor nennen. Das habe ich ihm gesagt, aber er lacht nur darüber. Ich bin von ihm enttäuscht. Als er zwanzig war, hat er seine Sache eine Weile sehr gut gemacht und geschimpft und Krach geschlagen. Aber jetzt ist er einer, der für die Blauen stimmt. Das ist eine Schande. Es kommt mir vor, als hätte er alles verraten. Aber man mag ja seine Kinder. Einmal im Jahr knöpfe ich ihn mir vor. Aber er lacht nur. Er hat eine große Villa und Boote und Autos. Natürlich hat er auch geschuftet, aber irgendwie fühlt es sich doch so an, als hätte er seinen Reichtum gratis bekommen. Man sieht, wie verkehrt dieser Staat geworden ist.

Ich glaube, man kann nur mit einer Revolution etwas ändern. Aber die wird kommen. Früher oder später. Natürlich wäre es schön, dabei zu sein.«

In den Schären finden Militärmanöver statt. Eines Morgens sehen Oskar und ich ein U-Boot, das in Unterwasserlage an der Insel vorbeizieht.

»Elvira und ich hatten es immer gut miteinander. Gewöhnlich haben wir danach lange im Bett gelegen und geredet. Wir waren ja immer müde, aber zwei-, dreimal in der Woche machten wir es. Seit unserer Hochzeit war keiner von uns beiden mit jemand anders zusammen gewesen. Ich glaube, keiner von uns hatte das Bedürfnis danach. Für eine Dummheit setzt man nichts Wertvolles aufs Spiel. Danach lagen wir da und redeten darüber, wie es früher war. Elvira konnte erzählen, und ich konnte erzählen, wir haben uns nie gelangweilt. Und wir redeten darüber, wie es momentan war, und waren uns vollkommen einig. Elvira war mehrere Jahre in der Gewerkschaft aktiv. Sie wäre eine gute Politikerin gewesen. Und sie bestand darauf, dass ich einen Teil der Hausarbeit erledigte. Aber das habe ich sowieso gemacht. Wir hatten keine Probleme. Wir waren vielleicht mal wütend aufeinander, aber das war auch schon alles. Einmal war sie böse und traurig, weil ich zu unserer Jüngsten gesagt hatte, sie hätte eine hässliche Fratze. Ich wollte ja nur einen Scherz machen, aber sie meinte, Mädchen hätten es sowieso schwer genug. Und das stimmte ja auch. Einmal war ich wütend auf Elvira, weil sie eine ganze Nacht wegblieb, ohne mir vorher Bescheid zu sagen. Bei einer Versammlung war es spät geworden, und sie hatte sich in ihrem Café hinter der Küche auf das Sofa gelegt, sie hatte doch einen Schlüssel. Und sie verstand mich ja auch, also waren wir eigentlich nie richtig böse miteinander. Nicht einmal, wenn wir kein Geld hatten. Irgendwie kamen wir trotzdem klar.

Elvira wusste fast alles über Blumen. Wenn wir spazieren gingen, kannte sie alle Namen von allen, die wir sahen. Sogar wenn wir vor einem Blumenladen stehen blieben, konnte sie mir die Namen der Blumen nennen und wusste, woher sie kamen. Aber das Feine war, dass sie auch den Geruch beschreiben konnte. Wenn ich dann die Nase vorstreckte und schnupperte, merkte ich, dass sie recht hatte. Das finde ich fantastisch. Einen Geruch mit Worten beschreiben zu können. Aber sie konnte es.

Dass Elvira und ich uns kennenlernten, war ein Zufall. Aber ich bin froh, dass es so kam.«

3.6. Wir fahren den ganzen Tag durch Deutschland. Es hat mindestens 25 Grad. Oskar sitzt am Fenster. Ich habe noch nie so große Felder gesehen wie hier. Abends kommen wir in Hamburg an.

4.6. Heute ist es noch wärmer. Wir schauen uns Verschiedenes in Hamburg an, bevor wie weiterfahren. Heute sitze ich am Fenster.

5.6.

6.6.

7.6. Jetzt sind wir in Wien. Es ist eine schöne Stadt. Hier ist es warm, und wir haben ein großes Schloss besucht. Wir sind im Park spazieren gegangen. Es gab dort auch ein Gehege mit verschiedenen Tieren.

8.6. Heute ist es fast zu heiß, um draußen zu sein. Aber wir haben uns die Stadt angeschaut. Und wir haben Postkarten an die Kinder geschrieben.

Notizen, die Oskar wegwirft.

»Wenn wir die Wohnung geputzt haben, versagte manchmal der Staubsauger. Dann nahmen wir ihn gemeinsam auseinander und reparierten ihn. Oder wir waren zusammen in der Küche, und einer von uns spülte Geschirr, während der andere kochte. Da gab es nie irgendwelche Probleme.

Wir wählten dieselbe Partei, weil wir dieselbe Meinung hatten. Wir wechselten gleichzeitig die Partei.

An Weihnachten hatten wir immer viel Spaß. Die Kinder bekamen Geschenke, aber Elvira und ich schenkten uns nie etwas. Wir sangen Lieder mit den Kindern, und wir tanzten um den Weihnachtsbaum. Es war sicher ein schweres Leben, aber wir hatten Spaß. Und die Kinder lernten, sich zu Hause wohlzufühlen. Ich glaube, das ist in einem bestimmten Alter wichtig. Dass man sich dort willkommen fühlt, wo man wohnt.«

Sommer 1967. Die Erzählung geht weiter. Oskar sitzt in

der Sauna, und der Sommerstock liegt über seinen Knien in der Jeans. Er ist müder geworden. Älter. Wenn die Patiencen nicht aufgehen, bleiben die Karten oft liegen. Statt aufzustehen und zu der Bank zu gehen, wo der Kaffeekessel und der Spirituskocher stehen, bittet er mich, den Kaffee zu machen. Die Zeitungen bleiben ungelesen liegen. Der Geruch von altem Mann wird stärker.

Wortkargheit.
Lange Pausen.

Immer öfter hält er sich auf der Bank vor dem Haus auf und schaut übers Wasser hinaus. Einmal sitzt er draußen, als ich komme. Obwohl es regnet.
»Wollen wir nicht hineingehen?«
»Ich bin einfach sitzen geblieben.«
Wir gehen hinein. Er ist durchnässt, zieht sich aber keine warmen Sachen an.
»Ich erkälte mich sowieso nicht. Ich hatte noch nie eine Erkältung. Aber Kaffee wollen wir doch haben. Machst du einen?«
Die Kaffeetasse zwischen dem Zeigefinger und dem Daumen. Lange, schlürfende Schlucke. Das Zuckerstück auf der Zunge.
»Mit dem Zucker im Kaffee habe ich im Winter angefangen. Ich weiß nicht warum. Es schmeckt ja nicht besser.«
Die zunehmende Vergesslichkeit.

Wenn ich mich nicht täusche.
Da bin ich mir aber nicht sicher.
Daran erinnere ich mich nicht mehr.

Es spielt keine Rolle, wann das war.

Es ist egal, wie er hieß.

Das Auge ist matter geworden und das Weiße darin grau. Die Bewegungen wirken schwerer. Der Kopf hängt immer häufiger nach vorn.

»Man fragt sich, wie es eigentlich mit der Welt so steht. Es gibt Weltorganisationen wie zum Beispiel die UN. Aber trotzdem kann es in Griechenland jetzt so sein, wie es ist. Oder in Spanien. Oder woanders. Im Winter habe ich gelesen, dass man Diebe in manchen Ländern immer noch bestraft, indem man ihnen Arme und Hände und Füße abhackt. Ich schaue auf meinen eigenen Armstumpf und verstehe nichts mehr. Wie ist das möglich? Sind wir keinen Schritt weitergekommen? Ich erinnere mich, dass in Schweden zuletzt etwa 1910 jemand hingerichtet wurde. Aber dann haben wir damit aufgehört und geglaubt, so wäre es überall. Es war ein Raubmörder. Aber ich erinnere mich nicht an seinen Namen.«

»Hieß er nicht Ander?«

»Wie?«

»Ander?«

»Ja. Vielleicht. Ich erinnere mich nicht. Bist du sicher?«

»Das könnte er sein.«

»Aha. War er mit dem Ballonfahrer verwandt?«

»Der hieß Andrée.«

»Aha. Einer der Ballonfahrer hieß jedenfalls Strindberg.«

»Er war dabei. Nils Strindberg. Er war es, der zuerst starb.«

»Woher weiß man das?«

»Man nimmt es an.«

»Aha.«

»Ja.«

»Aber ich habe nicht den Mut verloren. Ich glaube, du wirst es erleben, dass dieser ganze Staat wie bei einer einzigen Sprengung in die Luft geht. Und dann kannst du von mir grüßen.«

Später, kurz bevor ich gehe, sagt er es.

»Ich werde wohl nicht viel älter werden als jetzt. Es fühlt sich so an.«

In dieser Woche legen wir nur an einem einzigen Abend wie gewöhnlich die Netze aus. Aber manchmal ist Oskar auch wieder munterer, und dann fahren wir jeden Morgen und jeden Abend hinaus.

»Man muss sich zusammennehmen. Sonst fängt man nur an zu jammern.«

»Bei einer einzigen Sprengung. Und Grüße von mir.«

Der Sommer 1968

Der Sommer 1968. Der letzte Sommer.

»Wie ist es dir im Winter ergangen?«

»Jo, so wie immer. Man saß vor dem Fernseher.«

»Ja.«

»Man werkelt so vor sich hin. Aber ich gehe jetzt früher schlafen. Ich werde schnell müde.«

»Ach ja?«

»Ich habe schon gedacht, dieses Jahr würde ich nicht herkommen.«

»Ach ja?«

»Lust hatte ich natürlich, aber man wird müde. Jetzt bin ich jedenfalls da.«

»Es ist schön, hier zu sein.«

»So ist es. Sollen wir Kaffee trinken?«

»Gern.«

»Kochst du ihn?«

»Klar.«

»Du musst nur erst Wasser holen.«

»Der Eimer ist noch nicht leer.«

»Umso besser.«

»Nimmst du immer noch Zucker?«

»Ja. Hol ein paar Zwiebäcke dazu. Es gibt aber auch richtiges Brot, wenn du willst.«

»Ein Zwieback ist prima.«

»Die sind gut. Aber die Zähne machen einem dabei zu schaffen.«

»Hast du Zahnschmerzen?«

»Bei drei Zähnen? Keineswegs. Aber sie hüpfen im Mund herum. Man kann nicht richtig kauen.«

»Hast du nie daran gedacht, dir dritte Zähne machen zu lassen?«

»Kommt nicht infrage.«

»Nicht?«

»Nein. Es soll so bleiben.«

»Du hast dir ein neues Kartenspiel gekauft.«

»Das alte war zu scheußlich. Die Karten klebten ja aneinander. Es war billig.«

»Öberg ist wohl die einzige Firma für Spielkarten.«

»Ja, das stimmt.«

»Ich habe noch nie andere gesehen.«

»Ach so. Das Wasser kocht.«

»Ich stelle es ab.«

»Das Radio ist kaputt.«

»Wieso?«

»Der Ton kratzt. Seitdem es so komisch klingt, mache ich es nicht mehr so oft an.«

»Wann bist du dieses Jahr hergekommen?«

»Ungefähr vor drei Wochen. Es war kalt.«

»Bist du schon hinausgefahren?«

»Das Boot ist undicht. Ich dachte, du könntest mir helfen.«

»Das richten wir morgen.«

»Was glaubst du, haben wir ein paar Fische?«

»Ganz bestimmt.«

»Irgendwas wird schon im Netz sein.«

»Sind auch noch andere Leute da?«

»Ich habe niemanden gesehen. Aber es ist ja noch hin bis zur Ferienzeit. Übrigens, danke für die Postkarte.«

»Du hast sie also bekommen.«

»Das war wohl die einzige Post, die ich diesen Winter gekriegt habe. Aber ich habe mich ein bisschen schwer damit getan, sie zu lesen.«

»Habe ich so undeutlich geschrieben?«

»Es liegt wohl an meinen Augen.«

»Siehst du schlechter?«

»Bestimmt. Aber ich jammere nicht.«

»Die Postkarte war aus London.«

»Nee.«

»Ich war ein paar Wochen dort.«

»Ach ja?«

»Es war schön.«

»Ach ja?«

Kaffee, Kaffee, lange heiße Schlucke.

»Es ist einiges passiert.«

»Ja, und auch Gutes.«

»Überall gab es Demonstrationen.«

»Ich habe es im Fernsehen gesehen. Diese verdammten Polizisten.«

»Sie sind brutal.«

»Da wäre ich gern dabei gewesen. Sie würden es sich wohl überlegen, einen Behinderten zu schlagen.«

»Vielleicht.«

»Das macht einem gute Laune. Dir doch auch?«

»Klar.«

»Das freut mich. Ich habe Farbe für das Boot gekauft. Darin ist irgendeine Art Silikon, damit das Boot nicht leckt.«

»Darum kümmern wir uns morgen.«

»Gut, wenn du mir hilfst.«

»Sollen wir morgen die Netze auslegen?«

»Trocknet denn die Farbe so schnell?«

»Bestimmt.«

»Ich habe die Netze ein wenig geflickt. Aber sie werden langsam brüchig.«

»Mal sehen, ob ich bei der Auktion im Sommer welche ersteigern kann.«

»Das wäre vielleicht gut.«

»Sie sind ja normalerweise nicht so teuer.«

»Sollen wir noch ein paar mehr besorgen?«

»Ich werde zuschlagen.«

»Prima.«

»Es ist schön, wieder hier draußen zu sein.«

»Ja, das ist es.«

»Noch ist es ein wenig kalt.«

»Wir werden sehen, wie es wird.«

»Sollen wir dieses Jahr wieder nach dem Dach schauen?«

»Das sollten wir vielleicht tun. Hier draußen sind die Winter hart. Außerdem ist das Bett kaputt.«

»Ach so? Weshalb?«

»Wenn du darunter schaust, siehst du, dass sich die Sprungfedern gelöst haben. Vielleicht kannst du ein Brett als Stütze darunterlegen.«

»Das mache ich. Hast du dir eine neue Decke gekauft?«

»Ich habe eine aus der Stadt mitgebracht. Der Junge hat sie dagelassen. Sie haben neue angeschafft.«

»Das ist gut.«

»Sie ist hübsch, mit Grün.«

»Jetzt muss ich aber zu mir rübergehen. Wir sehen uns morgen.«

»Ja, das machen wir. Nimmst du den Kaffeekessel vom Feuer?«

»Ich kann auch noch Wasser holen. Ist im Brunnen viel?«

»Ja.«

»Also, wir sehen uns.«

»Ja, tschüss.«

»Ich komme gleich mit dem Wasser. Wo ist das Seil?«

»Das liegt auf dem Brunnendeckel.«

Ich gehe über den kalten Boden der Insel, hebe den Brunnendeckel hoch und schaue in das braune Wasser. Lasse den Eimer hinab und sehe zu, wie er sich füllt. Dann laufe ich zur Sauna zurück und stelle den Eimer vor die Tür. Oskar sitzt auf dem Stuhl, den Gehstock auf den Knien. Über dem Hemd trägt er einen grauen, verschlissenen Pullover.

»Also bis morgen, tschüss.«

»Tschüss.«

Der Sommer rückt näher.

Oskar Johansson, 1888–1969.

Die Erinnerungen

Die gelben Straßenbahnen.
    Der Finger, der über die Tapete streicht.
    Der Kanalbauer Johannes Johansson.
    Ellys weißes Kleid.
    Elviras weißes Kleid.

Ich habe dieselben Spiele gespielt wie alle anderen.
    Arbeiter ist man immer geblieben.
    Es hat sich schon viel verändert, nur nicht für uns.

Bei einer einzigen Sprengung wird alles in Rauch aufgehen.
    Und Grüße von mir.

Der Sommerstock

Oskar geht den Hügel hinter dem Haus hinauf, um sich zu erleichtern. In der linken Hand hat er eine Rolle Toiletten-papier. Hinter einem der Wacholderbüsche lässt er die Hose herunter, hockt sich hin und spannt die Muskeln an, gestützt auf seinen Sommerstock. Die Mücken stürzen sich auf die nackte Haut.

Geht hinein.
Schließt die Tür.
Macht seine Schritte.
Lehnt den Stock an den Stuhl.
Setzt sich auf die Bettkante.
Klopft Laken und Kissen zurecht.
Legt sich hin.
Atmet aus.
Ruht.
Blickt in den Raum hinein,
als würde die Petroleumlampe leuchten,
als wäre der Spirituskocher an,
als würde das Radio rauschen.

Ein Fischerboot fährt vorbei.
Der Wind nimmt an Stärke zu.

Ein Flugzeug in der Ferne.
Oskar in seiner Sauna. Graues Licht.

Manchmal legt er sich in sein Grab und schaut erwartungs-voll. Blickt auf die Erde, die aus der Hand des Priesters auf sein Gesicht fällt. Das Holz des Sarges und die Haut auf sei-nem Gesicht werden eins. Das Auge vereint sich mit einer blauen, weit entfernten Fläche. Eine Sturmmöwe schlägt mit den Flügeln über dem Blau und ritzt eine Linie in den blauen Grund.

Möwengeschrei in der Ferne.

Manchmal liegt Oskar da und dirigiert eine Todesszenerie. Dabei ist er der Regisseur. Über die Tränen in seinem Auge lächelt er leise und tastet sich in seinem Traum voran. Der Zeigefinger trommelt auf die Bettdecke. Das Licht wird grau.

Bald tritt der Erzähler auf, aber zuvor noch einige Träume.

Elvira kommt durch die Tür.

Elvira geht aus der Tür.

Träume, Träume.

Oskars Träume.

Wie viele? Wie viele Tagträume hatte er? Wie viele Male hat er sich nachmittags ins Bett gelegt, um zu träumen, als es bei ihm zu Hause leer und still war?

Viele Male.

Viele.

Die Bilder sind klar. Ihre Schärfe sticht ins Auge. Oskar träumt mit offenem Auge.

Er läuft in dem Demonstrationszug mit, der vor dem Revolutionsführer paradiert. Zwischen Millionen anderer hebt er ein Plakat mit einem Gesicht hoch. Er ruft.

Sein Gesicht bebt. Die Mundwinkel sind heruntergezogen, die Zähne blitzen. Tausende Gesichter.

Millionen weiße Zähne.

Hasta la victoria siempre …

Das Volk wehrt sich!

Die Revolution. Feminismus. Frauen, die Zukunft gebären. Oskars Gesicht zwischen all den anderen.

Sein Gesicht zwischen dem anderer. Aber er liegt auf dem Bett in seiner Sauna. Es ist kühl. Er ist allein in seinem Schärengarten. Und er träumt von seiner Revolution.

Der wichtigste Traum. Derjenige, der sich wiederholt.

Dann all die anderen. Von Elly.

Von Elvira.

Von dem Kind, das den Steilhang hinunterfiel.

Von der Arbeit.

Von dem Unglück, das er nicht miterlebt hat, aber dessen Opfer er wurde.

Von weißen Kleidern.

Von Fischen, die auf dem Boden eines grünen Holzfaserbootes zappeln.

Oskar kennt seine Träume, und er zügelt sie. Er ist sich seiner Wirklichkeit bewusst. Oskar ist ein Mensch, der tausendfach die Wahl hatte. Nie war er verwirrt. Das Chaos hat er gemieden und stattdessen gewählt. Ob er die richtige Wahl getroffen hat, ist eine andere Frage. Aber jener Oskar, der Elviras Hand hält, hat stets gewählt. Sich entschieden, verworfen, sich neu entschieden. Zugehörigkeit gewählt, mal dafür gestimmt, mal dagegen.

Bilder, die unter die Haut gehen, eingebettet in den Geruch eines alten Mannes. Ehe der Weg zu Ende geht. Der Armstumpf liegt auf der Brust, die sich hebt und senkt, hebt und senkt.

Er liegt in seiner Sauna. Die Träume hängen dicht im Raum. Er nähert sich dem Ende.

Und er bittet darum, dass der Erzähler vorbeikommt.

»Gut war damals, und das ist es auch heute noch, dass der Sozialismus die Einsamkeit bekämpft. Wir rückten nach links, und mit jedem Schritt wurde das Gedränge in den Reihen größer. So habe ich ja Elvira kennengelernt. Aber jetzt sehe ich in den Zeitungen ganze Seiten mit Artikeln, in denen das Volk auf die Knie fällt und um Gemeinschaft bettelt. Dabei haben wir hier eine sogenannte sozialistische Regierung. Wo zum Teufel ist der Sozialismus hin? Damals sind wir gemeinsam marschiert. Wir wollten die Welt füreinander verändern. Das war beinahe wie ein Wettkampf ohne Gegner. Jeder hätte demjenigen, der an seiner Seite ging, etwas abgegeben, auch wenn man ihn kaum kannte, das spielte keine Rolle. Man freute sich, wenn ein Neuer hinzustieß, den man noch nicht gesehen hatte. Aber heute werden die Leute eher wütend, wenn jemand Neues kommt. Verdammt, was will der hier? Bedroht er meine Position?

Das ist verrückt.

Was kümmert es mich, dass sie lange Haare haben? Die Hauptsache ist, dass sie auf die Straße gehen, um etwas zu verändern. Von mir aus können sie gern schlecht riechen, solange sie demonstrieren.

Und falls sie bei meinem Jungen Steine durch das Fenster der Wäscherei schmeißen, tun sie es wohl zu Recht. Dafür stehe ich.

Ich habe gehört, wie die Leute sagten, sie hätten ausreichend viele Arbeiter gesehen, um nicht an die Revolution zu glauben. Darauf habe ich gewöhnlich geantwortet: Du hast aber viele Spiegel zu Hause. Ich weiß nicht, ob sie es verstanden haben. Hoffentlich, denn sie haben ja nur Mist geredet.«

Wohin hat das alles geführt? Oskar duckt sich vor der Frage weg. Dabei weiß er es nur zu gut. Aber er fühlt sich schuldig, weshalb er seinen Anteil daran nur unklar und diffus erwähnt. Jedes Mal dringt es aus seiner Kehle.

Bei einer einzigen Sprengung. Und Grüße von mir.

Ich heiße Oskar.

Johansson, ehemaliger Sprengmeister.

»Ich habe tatsächlich nicht so viele Hände, aber ich kann zuschlagen. Und ich sehe sicher furchtbar aus mit nur einem Auge, aber jedenfalls sehe ich.«

Ich heiße Oskar.

Vor euch habe ich keine Angst.

Ich werde euch sagen, was ich von euch halte.

Nennt mich, wie ihr wollt.

Eines Tages werdet ihr schon sehen.

Der Sommerstock schlägt heftig gegen das Tischbein.

Oskar lässt ihn fallen, und ich bücke mich danach und reiche ihm den Gehstock.

»Man regt sich auf. Das ist wohl das Letzte, was einen verlässt.«

Oskar. Der nicht Besondere. Johansson im Register der Berufsgenossenschaft. Johansson auf der Rentenbescheinigung. Johansson für die Wahlleiter. Johansson für alle.

»Ich habe einen Königsnamen, gebe aber zu, dass er auch wie Gewitter klingt.«

»Johansson ist ein guter Name. Den verstehen die Leute am Telefon auch ohne Buchstabieren. Und niemand schreibt ihn falsch.«

Ein oder zwei s?

Wieso?

»Den Ausweis von der Busreise habe ich noch. Er galt für Elvira und mich. Wir sahen wirklich zu komisch aus. Elvira scheint ein ganzes Ei im Mund zu haben. Sie wollte das Foto noch mal machen, aber ich sagte, wir sollten nicht eitel sein. Oder hätte ich am linken Auge etwas Lippenstift auftragen sollen?«

Die Träume sind rot.

Der Stock schlägt gegen das Tischbein.

Oskar ist jetzt über siebzig.

»*Hasta la victoria siempre*. Ich weiß nicht, was das heißt, aber man versteht es gleich, wenn man die Bilder sieht.«

»Schau hin, dann siehst du es.«

»Siehst du die Kraft.«

»Sie wollen etwas erreichen.«

»Hast du es gesehen?«

»Hast du es gesehen?«

»Sie wollen es besser haben, das ist ihr Ziel.«

»Du kannst die Zeitung mitnehmen, wenn du sie lesen willst.«

»Es ist schon halb fünf Uhr morgens.«

»Bring ein bisschen Zucker mit, wenn du hast.«

»Hier gibt es viele Fliegen.«

»Halb fünf Uhr morgens. Der Kaffee ist fertig.«

Oskar Johansson
1888–1969

Herbst, Winter, Frühjahr. 1968–69.

Oskar verlässt die Insel Ende Oktober. Die Eichen sind kahl, und der Schnee lauert in der Luft. Das Boot kommt um zehn Uhr, um ihn abzuholen. Der Motor pocht, und der Fischer trägt Oskars Reisetasche. Oskar schließt die Tür, dreht den Schlüssel einmal um und steckt ihn in die Tasche. Er trägt einen grauen Mantel und einen Hut auf dem Kopf. Der Fischer hilft ihm ins Boot hinunter. Oskar sitzt auf einer Bank im Laderaum. Nur der Hut und ein Teil seiner Stirn ragen aus dem Loch hervor.

Das Boot fährt rückwärts hinaus, wendet und verschwindet um die Landzunge herum.

Es ist Sonntag. Im Hafen auf dem Festland nimmt sein Sohn ihn in Empfang. Oskar sitzt auf dem Rücksitz des großen amerikanischen Wagens. Sie verschwinden so schnell den Hang hinauf, dass der harte Kies unter den Rädern spritzt.

Schließlich sitzt Oskar am Küchentisch in seiner Wohnung im Erdgeschoss. Es ist still. Ferne Geräusche von der Straße streifen ihn. Die Küchenuhr tickt. Jetzt ist es Viertel nach sieben. Vor sich hat er die Kaffeetasse, eine Schale mit Zwieback und eine Milchpackung. Das Wachstuch ist beige. Auf dem Tisch liegt auch der Winterstock, der schwarze.

Oskar dreht den Kopf und sieht uns direkt an. Es klappert

im Briefschlitz, und etwas plumpst auf die Flurmatte. Er steht auf, nimmt den Stock und geht durch die Küche hinaus. Dabei hält er sich die ganze Zeit nah an der Wand. Er streift am Spültisch, dem Besenschrank, dem Türpfosten entlang, wobei er sich mehrmals bückt und eine Menge bunter Papiere aufsammelt, die über den Flur verstreut liegen. Dann hinkt er in die Küche zurück. Wenn er sich bückt, steckt er den Stock in die linke Achselhöhle und presst ihn gegen den Körper. Dann wechselt er, schiebt die Papiere in die Achselhöhle und nimmt den Stock zwischen seine zwei Finger.

Anschließend sitzt er wieder am Küchentisch und schaut die Post des Tages durch. Lauter Reklamebroschüren. Er betrachtet sie, eine nach der anderen.

Algots Herbstkleider. Junge Menschen in verzerrten, erstarrten Posen vor verschiedenfarbigem Hintergrund. Kalte, abweisende Farben. Die Models auf den Bildern machen groteske Luftsprünge und schauen Oskar auffordernd an.

Kauf mich.
    Fühl dich warm und sicher im Herbst.
    Kauf mich.
    Kauf mich.

Sonderangebote von Domus. Diese Woche sind die Brathähnchen superbillig und supergut.

Der Druck ist verschmiert und undeutlich.
    Schauen Sie auf jeden Fall in der Sportabteilung vorbei. Das Winterangebot bietet viele spannende Neuheiten.

Oskar auf Skiern.

Oskar auf Schlittschuhen.

Oskar auf einem Winterspaziergang.

Das Kursprogramm des Arbeiter-Bildungsverbands.

Unsere Zielsetzung ist es ...

Nähen oder Englisch.

Kreative Theaterarbeit oder Spanisch auf Universitäts-
niveau.

Oskar hält die Kursbroschüre in der Hand und blickt zum
Fenster hinaus. Draußen donnert der Müllwagen vorbei.

Das Essen kaufe ich selbst.

Das Waschen erledige ich selbst. Es ist nicht so viel.

Putzen tue ich selbst.

Später sitzt er vor dem Fernseher und schaut sich eine Sendung für Schüler an. Physik fürs Gymnasium. Er ist konzentriert und nickt, wenn er die Zusammenhänge versteht. Für
ihn ist ja noch nicht alles vorbei. Er nimmt immer noch teil,
Oskar Johansson, obwohl er bald achtzig ist.

Der Geburtstag. In der Zeitung steht, dass er achtzig Jahre
alt wird. Aber es ist kein Bild dabei.

Sie sitzen im Wohnzimmer rund um den Tisch. Zwei
große Torten sind aufgeschnitten. Dampf steigt aus den Kaffeetassen. Oskar trägt ein weißes Hemd mit Krawatte und
ein schwarzes Jackett. Die Kinder sind gekommen, alle drei,
die Töchter haben ihre Männer dabei und der Sohn seine
Frau. Sie reden miteinander, und Oskar sitzt still da und hört
zu. Auf dem Tisch liegen die Geschenke.

Ein grauer Pullover. Ein Paar Pantoffeln. Und eine Sonnenbrille – polarisiert.

Oder: Oskar sitzt allein in Jeans am Küchentisch. Die Kaffeetasse, die Zwiebäcke und das Milchglas. Er wird achtzig Jahre alt.

Oder zurück.

»Möchtest du noch mehr Kaffee, Papa?«

»Es reicht jetzt.«

»Ein bisschen kannst du doch noch nehmen. Es ist schließlich dein Geburtstag.«

»Dann schenk noch ein wenig ein.«

»Du siehst gut aus. Hast du einen schönen Sommer gehabt?«

»Aber ja.«

»Hast du gehört, dass ich eine Filiale in der Stadt eröffnen werde, wo meine Schwester wohnt?«

»Sapperlot.«

»Es wird dann die dritte sein.«

»Und das Geschäft geht gut?«

»Das tut es. Bis jetzt jedenfalls.«

Der Kamerablitz durchschneidet das Zimmer. Der Sohn fotografiert. Die Töchter posieren mit Oskar in der Mitte. Dann ist es Zeit aufzubrechen. Sie stehen auf, streichen ihre Kleider glatt, richten sich die Haare mit den Händen. Lächeln und lachen. Beugen sich hinunter zu einer leichten Umarmung. Glätten sich noch einmal die Haare.

»Vielen Dank, Papa. Und pass gut auf dich auf.«

»Danke dir.«

»Wir schreiben bald.«

»Fahrt vorsichtig.«

Die Tür wird geschlossen. Es ist still. Die Uhr tickt. Oskar legt sich aufs Bett. Müde liegt er da und blickt an die Decke.

Die Tage.

Der Kaffeekessel. Die Zwiebäcke. Die Zeitung.

Die Reklamebroschüren. Manchmal ein Brief oder eine Karte.

Ein bisschen putzen, sich waschen. Vor dem Fernsehapparat sitzen.

Abendessen. Wieder Kaffee.

Einkaufen, wenn es nötig ist. Ein bisschen in den Schubläden kramen. Einen Teppich geraderücken.

Am Fenster sitzen.

Fernsehen. Noch einmal Kaffee.

Sich ausziehen. Daliegen und an die Decke starren. Der Schlaf, der Schlaf.

»Natürlich habe ich darunter gelitten und mich dumm und einsam gefühlt mit meinen Schäden. Hätte ich nicht Elvira getroffen, ich weiß nicht, was aus mir geworden wäre. Ich konnte nicht in den Spiegel schauen, und ich ekelte mich, wenn ich den Armstumpf sah. Außerdem hatte ich auch diese komischen Reaktionen. Dass ich die rechte Hand spürte, obwohl sie nicht da war. Es war schrecklich. Ich träumte in den Nächten, dass ich so war wie immer, und wenn ich dann morgens aufwachte, hätte ich am liebsten angefangen zu schreien und wäre beinahe verrückt geworden. Ohne Elvira, ich weiß nicht, wie es gegangen wäre. Ich war ja schüchtern, und ich schämte mich. Aber ich habe mich nicht aufgegeben. Ich habe ziemlich schnell gelernt, mit meinen zwei Fingern zurechtzukommen. Es ist nicht so kompliziert, wie die Leute glauben. Wenn man es sich vorstellt, scheint es schwierig, aber wenn man erst dasitzt und übt, dann geht es. Vermutlich ist es schlimmer, blind oder taub zu sein.

Aber ich weiß nicht, was ich ohne Elvira gemacht hätte. Sie hat mir das Selbstvertrauen gegeben, das ich brauchte. Kein Mitleid, sondern Tritte in den Hintern. Und dann gewöhnt man sich daran. Nach vier, fünf Jahren hatte ich nie mehr ein unangenehmes Gefühl wegen meiner Behinderung. Es gab ja so viel anderes damals, was wichtig war. Erst als ich alt wurde und Elvira starb, hat es wieder angefangen, mich zu stören. Das lag wohl daran, dass der Körper auch auf andere Weise zu streiken begann. Aber ich empfinde mich nicht als behindert. So war es nicht. Niemals. Und hässlich war man wohl schon vorher. Aber natürlich wünsche ich niemandem, das zu erleben, was mir zugestoßen ist. Wenn ich von Unfällen lese, bei denen Leute auf verschiedene Arten verstümmelt werden, oder sehe, was Bomben anrichten, dann weiß ich ja, wie es ist. Und die wenigsten haben wohl das Glück, kurz darauf eine Elvira zu treffen. Aber es gab immer irgendetwas anderes, was wichtiger war. Und so ist es wohl auch jetzt. Heute beginnt man allerdings, außen vor zu bleiben. Das Alter ist nicht lustig. Da ist man auf eine andere Art unterlegen. Man macht viel durch. Doch es geht alles.

Vieles ist Elviras Verdienst. Aber auch mein Humor und meine Überzeugungen haben viel beigetragen. Überzeugt bin ich immer noch, aber man kann ja nicht mehr so viel tun.

Jedenfalls rede ich nicht laut mit mir selbst. Das machen wohl viele, die einsam sind. Man kann sich fragen, was sie sich selbst zu sagen haben. Hoffentlich ist es lustig.

Wäre ich noch einmal jung, würde ich wohl wieder dasselbe tun. Jedenfalls würde ich an dasselbe glauben. Der Sozialismus ist nichts Besonderes. Er ist ganz selbstverständlich, wenn man erst kapiert hat, wie die Dinge laufen. Dann ist alles andere falsch und verkehrt. Kann man sich etwas so Wahnsinniges und Unlogisches und Unvernünftiges vorstellen wie den Kapitalismus? Ich kann es nicht.

Der Sozialismus ist nichts Besonderes. Und das bin ich auch nicht. Wir passen gut zusammen. Elvira hat das manchmal gesagt. Und dann hat sie natürlich gelacht. Das tat sie immer.

Ich hätte als kein anderer geboren werden wollen. Darauf kommt es nicht an.

Und man ist ja immer dabei. Spuck einmal ins Meer. Dann hast du alle Ewigkeit, die du brauchst.«

Oskar.

Ein lustiger Alter, der in einer alten Militärsauna wohnt.

Er winkt immer, wenn man vorbeifährt. Er hat nur eine Hand und ein Auge.

Du solltest seinen Zeigefinger sehen. Er ist so dick.

Jetzt sitzt Oskar wohl da draußen und trinkt Branntwein. Bei ihm muss es schrecklich aussehen. Wer putzt dort? Und er wäscht sich wohl nie.

Wem gehört eigentlich der Boden, auf dem er wohnt?

Oskar ist ein feiner alter Mann. Er ist Sprengmeister gewesen und hat einen entsetzlichen Unfall gehabt. Aber er ist trotzdem guter Dinge. Ein feiner alter Mann, der ganz gut allein zurechtkommt. Und er hat es schön in der Sauna, heißt es.

Oskar im Erdgeschoss.

Oskars Sohn hat diesen großen Waschsalon.

Oskar hat auch zwei Töchter.

Seine Frau ist tot. Kürzlich ist er achtzig geworden.

Er geht noch selbst einkaufen.

»Er geht am Stock.«

»Er ist ja so behindert.«

»Er grüßt immer.«

»Ich höre es, wenn er den Müll ausleert.«

Mitte November wird Oskar ins Krankenhaus eingeliefert, und sein rechtes Bein wird amputiert. Anders ist der Wundbrand nicht aufzuhalten. Oskar liegt in seinem weißen Bett, und ein paar Tage vor Weihnachten bekommt er eine erste Gehirnblutung. Danach ist er gelähmt und kann nicht mehr sprechen. Am Weihnachtsnachmittag kommen seine Kinder zu Besuch. Sie stehen um das Bett herum, und Oskar erkennt sie. Sein Mund ist zu einem steifen Lächeln erstarrt. Sie tätscheln seine Wangen, streichen ihm übers Haar, fassen seine beiden Finger an. Dann verlassen sie das Zimmer.

»Armer Papa.«

»Man kann nur hoffen, dass er nicht mehr lange da liegen muss.«

»Es wäre ja das Beste für ihn zu sterben.«

»Manche liegen zehn Jahre so. Er hat ja ein starkes Herz.«

»Es ist fast nichts mehr von ihm übrig.«

»Ihn so zu sehen ist schrecklich.«

»Wir müssen jederzeit darauf gefasst sein, dass er stirbt.«

»Wir bleiben in Kontakt.«

»Ich komme her, sobald ich Zeit habe.«

Dann hinaus durch die Krankenhaustür. Nackte Erde, Weihnachten. Die Dunkelheit senkt sich herab. »Frohe Weihnachten. Und Grüße.«

»Dir auch frohe Weihnachten.«

»Wir telefonieren.«

»Ja. In welche Richtung willst du? Ich kann dich mitnehmen.«

»Das brauchst du nicht.«

»Ich habe doch dort drüben das Auto stehen.«

Die Schwester sitzt am Bett und füttert Oskar. Es ist Heiligabend.

An einem Tag im April erleidet er die zweite Gehirnblutung. Die Tasse mit dem Brei fällt ihm auf die Brust, und Oskar ist tot.

Danach

Frühjahr 1971.

Ich habe in der Stadt zu tun und komme morgens an. Aber ich werde nur wenige Stunden bleiben.

Ehe der Zug zurückfährt, habe ich noch Zeit, in einen Pub am Bahnhof zu gehen und ein Bier zu trinken.

Dort drinnen ist es rappelvoll. In der Luft hängen Rauchschwaden und der saure Geruch von Bier.

Pfeile wirbeln durch den Rauch und bleiben in der Dart-Scheibe stecken. Geklapper, Gläser, Gedränge.

Oskar ist tot.

Jetzt bleibt nur die Zukunft.

So wie er es gesagt hat.

Nachwort aus dem Jahr 1997

Fünfundzwanzig Jahre sind ins Land gegangen, seit dieses Buch erschien, also ein Vierteljahrhundert. Den ersten Teil schrieb ich in einer Wohnung im Løkkeveien in Oslo. Es war im Spätherbst und kalt. Durch das Fenster in dem zugigen Arbeitszimmer fiel mein Blick auf die Amerikanische Botschaft. Dort draußen fanden beständig Demonstrationen statt, an denen ich zwischen den Arbeitsphasen teilnahm. Immer wieder bekam man dabei grobe Kommentare von Passanten zu hören, aber weniger und nicht so gehässig wie früher. Schließlich schrieb man mittlerweile das Jahr 1972, und die Amerikaner waren im Begriff, ihren desperaten Angriffskrieg in Vietnam zu verlieren.

Ich kann mich noch sehr genau an diesen Herbst erinnern, an das Laub im Schlosspark, das sich gelb färbte, und an die stets grimmigen Marinesoldaten vor dem Tor der Botschaft. Aber in erster Linie erinnere ich mich an meine Empfindungen. Für mich war dies eine Zeit der Freude, ich verspürte große Energie. Bisher war nichts verloren oder entschieden, noch war alles möglich. Abgesehen davon, dass die Vietnamesen den Krieg mit größter Wahrscheinlichkeit gewinnen würden. Der Imperialismus knarzte in den Fugen. Die Zukunft hatte ausreichend tiefe Fahrrinnen abgesteckt. Doch natürlich gab es auch Gegenbilder. Weder ich noch meine Freunde glaubten ernsthaft daran, den Untergang des Apartheidregimes in Südafrika je erleben zu dürfen. Im Rückblick erkenne ich, dass wir sowohl richtig- wie falschlagen. Aber so ergeht es einem stets, wenn man in die Zukunft blickt.

Ich saß da und schrieb dieses Buch mit dem Gedanken, damit zu debütieren. Zum ersten Mal wirklich gedruckt zu werden. Bis dahin hatte ich den einen oder anderen Text in Zeitungen veröffentlicht, außerdem waren einige meiner Theaterstücke auf die Bühne gebracht worden. Zudem hatte ich an verschiedenen Schauspielhäusern Regie geführt und genügend verdient, um mich für einen Monat zurückzuziehen und schreiben zu können. Die Frage war allerdings, was ich schreiben sollte. Eine lebenswichtige Frage, denn einen anderen Beruf konnte ich mir für mich nicht vorstellen. Also, was sollte es werden?

Ich wollte mir keine Absagen einhandeln, jedenfalls nicht für größere Texte. Romane. Deshalb hatte ich im Jahr zuvor ein paar Manuskripte zerrissen, die mir nicht gut genug erschienen waren. Sie wurden nie bei einem Verlag eingereicht. Aber als das Manuskript zu diesem Buch allmählich fertig wurde (den zweiten Teil schrieb ich in einer ebenso zugigen Wohnung in der Trotzgatan in Falun), gab ich es auf die Post. Im Juni erhielt ich eine Karte mit einer Abbildung des Arbeiterdichters Dan Andersson. Sune Stigsjöö war zu dieser Zeit Verleger des Författarförlaget, und er teilte mir mit, dass mein Buch angenommen sei.

Es erhielt gute Rezensionen. (Wenn ich mich richtig erinnere, schrieb nur Björn Fremer in der *Kvällsposten* negativ darüber.) In der Folge erhielt ich Stipendien und konnte diverse Brötchenjobs aufgeben.

Das war, wie gesagt, vor einem Vierteljahrhundert. Ich verfasste das Manuskript auf einer unzuverlässigen alten Schreibmaschine mit norwegischen Typen. Diese Zeilen heute schreibe ich auf einem Computer, der kaum mehr als drei Kilo wiegt.

Natürlich ist in fünfundzwanzig Jahren viel geschehen. Einige Mauern wurden eingerissen, andere errichtet. Ein Imperium ist gefallen, das andere ist innerlich geschwächt, und neue Zentren der Macht entstehen. Aber die Armen und Ausgebeuteten sind in den vergangenen fünfundzwanzig Jahren nur noch ärmer geworden. Und Schweden ist von dem Versuch, eine moralische Gesellschaft aufzubauen, zu sozialer Ausbeutung übergegangen. Heute wird unterschieden zwischen nützlichen Menschen und solchen, die nicht gebraucht werden. Am Rande der schwedischen Großstädte existieren mittlerweile Ghettos. Die gab es vor fünfundzwanzig Jahren noch nicht.

Während ich das Buch nach all diesen Jahren nun aufs Neue lese, stelle ich fest, dass das Vierteljahrhundert eigentlich gar nicht so lang war. Was in diesem Buch steht, gilt auch weiterhin unverändert.

Für die vorliegende Ausgabe habe ich einige geringfügige sprachliche Änderungen vorgenommen. Aber die Geschichte ist noch dieselbe. Daran habe ich nicht gerührt.

Es ist nicht notwendig gewesen.

Henning Mankell
Mosambik im November 1997

Inhalt